대머리는 수영모를 쓰지 않는다

일러두기

- 인명, 작품명, 지명은 국립국어원 외래어표기법을 따르되 일부 명칭은 일반적으로 널리 쓰이는 표기를 따랐습니다.
- 단행본 및 정기간행물은 『 』, 그림, 영화, 희곡, 방송, 음악의 제목은 〈 〉로 구분했습니다.

대머리는 수영모를 쓰지 않는다

이휘 지음

베테랑 예능 작가의
다큐에서 시트콤으로
인생 장르를 바꾸는 법

유월서가

프롤로그

내일도 영업합니다

　나라는 사람을 메뉴판으로 만들면 내 시그니처 메뉴는 뭘까. 하루의 언제쯤 재료 소진이 되는 걸까. 뭐가 제일 맛있고 뭐가 제일 잘 팔릴까.

　나에게는 산지 직송, 국내산 원산지의 다정함이 있다. 그리고 그 재료로 만들어내는 배려, 칭찬, 예의, 여유로움, 너그러움이 있다. 그것들은 좀처럼 동나지 않고 맛도 좋아서 잘 팔린다. 사장인 나도 뿌듯한 점이다. 가끔은 가게가 조용할 때도 있고 붐벼서 정신없을 때도 있지만, 대체로 대박과 쪽박이 없고 비수기와 성수기의 편차가 크지 않다. 아마 가장 큰 이유는 사장 마음대로 영업하기 때문인 것 같다. 나는 쉴 때와 달릴 때를 안다. 잠시 문을 닫을 때에도 진정한 단골손님들은 도망가지 않는다는 믿음이 있다. 그리고 그들은 정말 약속한 것처럼 때가 되면 찾아온다. 나도 그게 좋다.

　손님들이 추워하면 따뜻한 걸 주고, 건조한 날에는 촉촉한 위로를 주는 이 그럴듯한 센스를 사실 거저 얻게 된 것은 아니었다. 내 인생에도 진상 손님들은 분명히 있었고 그들을 겪어내고 쫓아내기까지 나는 꽤 많은 시간과 에너지를 투자해야 했다. 그때는 그 진상 손님에게라도 나를 팔아서 매출을 내야 가게가 잘 되는 줄 알았다. 하지만 지금은 안다. 그 사람들은 그들의 입맛에 맞는 다른 곳에 가면 되고 나는 굳이 그들을 붙잡을 이유가 없다는 걸. 국이 짜요? 물을 드세요.

　그 오래된 정성과 노하우가 고스란히 이 책에 담겼다. 힘들 때는 웃어넘기고 긴가민가할 때는 속 시원하게 울어버리는 나의 지독한 가치관, 내 인생에 머물고 있는 수많은 지혜로운 친구들, 그리고 나를 언제나 껴안아 주는 가족들의 현명함과 따뜻한 사랑에 힘입어 이런 좋은 이야기들이 세상 밖으로 나오게 됐다.

　대단한 프랜차이즈들도 있고 유명한 맛집도 있

겠지만 나는 여전히 귀여운 골목길 어느 모퉁이에 있는 아담한 가게이고 싶다. 그곳에는 책도 있고 술도 있고 차도 있고 사랑이 있다. 서로의 고민을 존중하는 경건함이 있다. 가끔은 마음대로 드러누워 낮잠을 자고 갈 수 있는 소파도 있다. 나는 그곳에서 아주 오랜 시간 나의 다정함을 팔고 싶다. 꽤 잘 먹히는, 중독적인 그 맛. 그걸 알아주는 나의 소중한 사람들과 평생을 깔깔거리고 싶다. 힘들 땐 같이 웃어넘기고, 긴가민가할 때는 함께 울어주면서.

목차

프롤로그 – 내일도 영업합니다 5

1부 대머리는 수영모를 쓰지 않는다

대머리는 수영모를 쓰지 않는다 13
39년생 명례 씨의 챔피언 벨트 18
방에 수류탄이 있습니다 23
지금 거신 전화는 32
헬스장 일진 40
아무거나 괜찮아요 48
내 성격에 엠바고를 건다 56
가난을 눈치채지 못했어 62
고기는 싫은데 제육볶음은 맛있지 71
초대받지 못한 손님 76

2부 천하제일 외로움 웅변대회

미혼입니다 그런데 실은… 89
엑셀과 브레이크 96
이혼했으니 박수 쳐 102
나를 보러 올 얼굴들 110
혹시 혼잣말 잘하시는 분 120
우리 집에 당신 칫솔이 있다는 것은 129
주정하는 연인들을 위해 138
나는 알코올 입스 근데 취해 144
천하제일 외로움 웅변대회 149

3부 인생은 예능

인생은 예능 159
섭외 난항 165
작년에 왔던 빌런이 죽지도 않고 또 온다 172
고참잘 멤버 모집합니다 182
어느 도파민 용병의 양심 고백 190
실수로 만들어진 인간 198
겐또와 야마 208
호흡기 달고 편집하는 PD 214
우리는 은퇴할 때 눈물 흘리지 말자 221

에필로그 - 걸작이 되고 싶습니다 227

1부
대머리는 수영모를 쓰지 않는다

대머리는 수영모를 쓰지 않는다

 탈모 때문에 머리를 벅벅 밀고 다니는 친구와 걸을 때면 왠지 신이 난다. 내가 더 어려보일 것만 같고, 자신 있게 민머리를 드러내는 용감한 친구가 있다는 게 자랑스럽고, 특별히 하는 것 없이 걸어만 다녀도 너무나 독특하고 멋진 투샷이 완성되는 것 같아서 이거야말로 진정한 힙합이 아닐까 하는 생각이 들어 주책맞게 설레는 것이다.

 나에겐 오래된 탈모인 친구 K가 있다. K는 20대 때부터 차츰 머리카락을 잃기 시작해서 해가 갈수록 점점 황량하고 어딘가 허전한 모습을 보이다가, 몇 년 전 열렬히 좋아하던 여자친구와 헤어진 후부터는 아예 민머리 스타일을 택했다. 스스로 차단한 모발의 생장. 나는 보자마자 잘했다고 말해주었다.

그러나 슬픈 일은 언제나 우리의 뒤통수를 때린다. 두 달 전쯤, 우리 동네에 놀러온 K와 나는 맛있는 고깃집이나 가볼까 해서 골목골목을 어슬렁거렸다. 방어를 사줄까, 삼겹살이나 먹을까, 그런 얘기를 하면서 양꼬치집 앞을 지날 때였다. 가게 문 앞에 사장님으로 추정되는 남자 분과 딸로 보이는 어린 여자 꼬마 아이가 서 있었다. 평소에 꼬마들에게 말을 잘 거는 편이라 '안녕'이라고 인사하려는데 그 작은 친구의 표정이 심상치가 않다. 뭔가 부끄럽고, 그럼에도 불구하고 나에게 말을 걸고 싶은 표정이다. 나는 수줍은 인싸인가 싶어 "안녕!"이라고 크게 인사하고 지나쳤다. 사건은 우리가 열 걸음 정도 더 걸어갔을 때 발생했다. 통통한 꼬마가 우리의, 정확히는 K의 뒤통수에 대고 소리쳤다.

"대머리 빡빡이~ 대머리 빡빡이~"

우리는 두 가지 측면에서 충격받았다. 저렇게 당돌하고 큰 소리로 어른에게 대머리라고 놀릴 수 있는 대담함과 짓궂음은 어디에서 나오는 것이며, 우리가 초등학교 다닐 때 이후로 들어본 적도 없는 '대머리 빡빡이~'의 저 반갑고도 정확한 음정과 박자는 도대체 어디서 배운 것일까. 그 와중에 목청은 커서 골목이 쩌렁쩌렁 울린 것이 참 잔혹했다. 점잖고 위트 있는 성격의 K는 웃음을 겨우 참으며 진지한 표정으로 말했다. "나 저 꼬맹이랑 맞짱 떠야 될 것 같아." "야야, 네가 참아." 우리는 그렇게 멋지게 그 친구를 용서(?)했다. 꼬마가 두 번 이상 반복해서 놀리지 못한 건 아마 아빠가 입을 틀어막았기 때문일 것이다. 같은 성인 남성으로서 다른 것도 아니고 탈모로 상처 주는 건 선 넘는 일이라는 걸 그도 모를 리 없었을 것이다. 나는 그날 집으로 가는 내내 K 앞에서 '대머리 빡빡이'를 불러댔다. K는 그저 팡팡 웃었다.

남자들에게 '탈모'란 나쁜 농담일까. 아니다. 사실 애초에 농담으로 분류되지도 않는다. 탈모는 상속받기 싫은 두려운 유산이고, 언제 불쑥 찾아올지 모르는 불행이며, 불길하지만 은근히 확률이 높은 경우의 수다. 가끔 이마가 넓은 남자 친구들의 앞머리를 들춰서는 "좀 넓어진 거 아니야?"라고 놀려본 적이 있었는데 그때마다 그들이 얼마나 빠른 속도로 정색했는지 나는 똑똑히 기억한다. "자기야, 선 넘지 마." "응, 미안. ……근데 좀 넓어진 것 같지 않아? 볼펜으로 표시해 놓을까?" 나는 언제나 꼭 한술 더 떠야 직성이 풀린다.

누군가에게는 콤플렉스고 자존감의 문제일 수 있지만, 그렇다고 정력이 좋다거나 원시시대 때부터 적에게 머리카락을 쥐어뜯기지 않고 생존하도록 진화한 것이라거나 남성호르몬이 많아서 그런 거라는 포털 사이트 지식인들의 분석들에 기대어 위로를 건네고 싶지는 않다. 나는 대머리는 불행이 아니라고 생각한다. 그저 대머리가 겪을 수 있는 수많은 즐거움에 대해 논하고 싶다. 대머리는 수영모를 쓰지 않아도 된다. 머리카락이 빠지지 않으니 화장실 하수구가 막힐 일도 없다. 드라이기도 고데기도 필요 없다. K가 대머리가 아니었다면 이렇게 두고두고 회상할 에피소드도 없고, 기억 속에서 사라져 가는 멋진 멜로디를 다시 꺼내 흥얼거리지도 못했을 것이다. 나는 그래서 대머리가 좋다. 길 가다가도 그들을 만나면 언제부터 빠졌을지, 어떤 형태로 빠졌을지, 머리는 어느 쪽에서 어느 쪽으로 빗는지가 궁금하다. 그렇게 대머리들은 나의 관심과 웃음을 가져간다.

나는 인생도 그런 방식으로 살기로 했다. 예고가 없어 대비가 불가능한 위기와 고난이 닥쳐올 때도 그걸 건강하게 겪어내는 게 얼마나 중요한지를 되새기며, 모든 걸 물리치고 난 뒤의 무용담을 얼마나 화려하게 꾸며 말할지를 기대하며 시트콤의 주인공처럼 살아내고 싶다.

K에게도 과거에는 탈모가 스트레스였지만, 지금은 아니다. 혹시나 누군가 K에게 또 다른 희롱으로 상처를 준다면 나는 K 앞에서 더 큰 목소리로 '대머리 빡빡이~'를 불러 줄 것이다. 그리고 삼겹살에 소주를 사줄 것이다.

다음에 K를 만나면 꼭 그 양꼬치집을 찾아가서 기어코 서비스를 달라고 해야겠다.

39년생 명례 씨의 챔피언 벨트

 누구에게나 선호 채널이 있다. 바둑, 낚시, 스포츠, 불교 방송. 명례 씨는 그중에서도 프로레슬링을 즐겨 보았다. 너무도 포근해서 누구든 한번 들어갔다 하면 속수무책으로 깊은 잠에 빠지게 되는 명례 씨와 호철 씨의 황금빛 안방에는 늘 작은 TV가 켜져 있었다(손주인 내가 방송국에서 일을 하는 건 당연한 순리였을지도 모른다). 그 네모난 화면은 언제나 연속극도 가요 무대도 아닌, 왠지 모르게 화가 나 있는 표정으로 헐벗고 쿵쾅거리는 프로레슬러들이 차지했다. 건장한 남성들이 땀으로 범벅이 되어 과격하기 이를 데 없는 몸짓을 하며 소리 지르고, 의자를 들어 내리치고, 서로를 꺾고 누르고 비틀어대는 그 모든 행위들을 명례 씨는 시종일관 ASMR처럼 틀어놓고 있었다. 어디 가서 '우리 외할머니는 프로레슬링을 그렇게 즐겨 보세요.'라고 말하면 그 누구도 믿지 않았다. 그러나 채널의 주인은 분명히 명례 씨였다. 가끔 리모컨을 슬쩍 가져가서 이곳저곳 재핑해 놓아도 조금만 방심하면 TV 화면은 명례 씨의 손끝을 거쳐 금세 거친 풍경으로 돌아가 있었다.

명례 씨는 평소 아무 옷이나 입지 않는 멋쟁이였고, 대체로 좋고 고운 것들을 고르는 안목이 있었다. 의복에 있어서는 깔끔하고 멋스러운 것, 깨끗하고 예쁜 것, 정갈하고 아름다운 것, 단정하고 우아한 것을 좋아했다. 명절에 찾아온 손주들이 행여나 바짓단을 꼬깃꼬깃 접어 입거나, 앞머리를 일자로 자르거나, 머리카락을 치렁치렁하게 하고 다닌다거나, 무릎과 허벅지가 훤히 보이는 반바지를 입는다거나 하면 예외 없이 조용히 손가락으로 마음에 안 드는 곳을 가리켰다. '오늘은 완벽하겠지.' 하고 거울을 몇 번이나 확인해도 늘 한 군데 이상은 미스였다. 그런 꼼꼼한 명례 씨가 세 자리 수 채널 번호를 굳이 찾아가서 반쯤 벌거벗은 남자들의 격한 스포츠를 관람하는 데에는 분명 그럴

만한 이유가 있을 일이었다.

명례 씨가 왜 프로레슬링을 보기 시작했는지는 시간이 아주 많이 지난 후에 나의 엄마이기도 한 그녀의 셋째 딸 영미 씨가 나에게 말해주었다. 아주 옛날에 명례 씨는 낚싯대 만드는 회사에 다녔는데 덩치가 꽤 크고 고약한 성격의 남자 직원이 그렇게 매일 소리를 지르고 무식하게 굴었다고 한다. 별것도 아닌 일에 성을 내고 콧김을 내뿜고 위협을 하는 게 일상이라서 '어떻게 하면 강해질까.' 하는 마음에 프로레슬링을 보기 시작했다는 것이다. 강해지기 위해 프로레슬링을 보기 시작했다니, 얼마나 귀엽고 짠한 일인가.

기골이 장대한 서구권의 남자들이 맞고 넘어가고 쓰러지는 모습을 보면서 명례 씨는 어쩌면 덩치 큰 남자들의 약점 같은 것을 찾으려 했는지도 모른다. 만일의 사태에 대비하기 위해 호신술 학습 차원에서 봤을 수도 있다. 명례 씨가 그렇게 맹훈련 끝에 핫핑크 타이즈를 입고 그 못된 놈을 찾아가 장엄하게 초크슬램을 내리꽂으며 월드 챔피언급 피니시 무브를 해냈다면 해피엔딩이었을 텐데, 그런 드라마틱한 일은 벌어지지 않았다. 그저 세월이 흘러 손주들이 장성하도록 적적할 때마다 강물 흐르듯 프로레슬링을 틀어놓는 것이다. 링 위에 엎드려 상대방에게 속절없이 당하는 근육질의 남성들에게 그 무식한 사나이의 얼굴을 대입하며. 명례 씨의 상상 속에서 그는 몇 번이나 관절이 꺾이고 KO를 당했을 것이다. 그러나 현실 속 명례 씨는 고스톱을 치다가 피를 한 장씩 뺏어 와야 할 때 상대가 2점짜리 피밖에 없으면 한 장을 거슬러주는 너그러운 품이 있는 사람이다. 인자함이 마치 고봉밥 같다. 초크슬램을 하기에는 전투력이 턱없이 부족하다.

언젠가 가족 행사 날, 이제 막 세 살이 된 증손녀와 나란히 앉아 장난감을 갖고 노는 명례 씨를 본 적이 있다. 냇가에 앉아 물놀이를 하는 아이처럼 명례 씨는 바닥에 철푸덕 앉아 증손녀와 친구처럼 어울리고 있었다. 나는 그날 '사람이 나이가 들면 다시 아기로 돌아간다'는 생각을 하게 됐다. 명례 씨의 보살핌을 받던 수많은 자녀와 손주들이, 이제는 명례 씨를 가장 소중하게 보살피고

돌봐야 할 차례가 오고 만 것이다. 받은 것에 비하면 갚을 도리가 없이 높고 거대한, 마치 고봉밥 같은 '사랑'이라는 부채를 어깨에 이고. 시간은 그렇게 서운할 만큼 정직하고 성실하게 바짝 우리 뒤를 쫓는다.

여전히 명례 씨의 선호 채널은 변함이 없다. 언제 재회할지 모르는 그 녀석과의 한판승을 위해 꾸준하게 이미지 트레이닝을 하고 있는지도 모른다. 고봉밥으로 손주들을 키운 건 복수의 군단을 꾸리기 위함이었을 수도 있다. 가족을 지키기 위해 일을 하는데 정작 일을 하는 과정에서 누구보다 당신 스스로를 안전하게 지켜야만 했던 명례 씨의 마음을 전부 헤아릴 수는 없겠지만, 올 리 만무한 복수의 그날이 만에 하나 다가오면 나는 언제든 태그할 준비를 해줄 것이다. 그리고 마침내 승리한 명례 씨에게 가장 눈부시고 화려한 챔피언 벨트를 채워줄 것이다. 세상에서 가장 경쾌하고 속 시원한 세리모니와 함께.

방에 수류탄이 있습니다

　소식좌에게 1인분의 정량이란 가혹하고도 억울하다. 위장이 욕망을 따라가지 못하기 때문이다. 우리는 하찮고 알량한 위 용량을 가졌음에도 꼴에 또 '맛의 조화'라는 건 중요시해서 쩝쩝박사처럼 메인 메뉴 두 개에 사이드, 음료까지 야무지게 주문하지만, 남들이 한창 음식을 즐길 때 가장 먼저 패배감을 느끼며 스윽 숟가락을 내려놓는, 배달음식 한 번 시키면 은근히 두 끼 정도는 해결이 가능한 저용량 인간들이다. 소식좌가 존재하는 테이블의 대화는 언제나 이런 식으로 흘러간다. "아니, 뭐 먹었다고 배불러?" "이거 내가 다 먹었잖아." "그러지 말고 한입만 더 먹어봐." "아냐. 난 이미 끝났어."
　YOU LOSE.

웬만한 음료를 끝까지 마시지 못하고 남기고 마는 나는 커피를 시킬 때 유독 죄책감을 느끼곤 한다. 사무실에서 한 잔씩 때리는 아이스 아메리카노는 거부하기에 너무나 고소하고 상쾌한 유혹이라 언제나 홀린 듯이 주문하지만, 결국 다 못 먹고 콸콸 버리게 되는 게 영 아깝고 속상한 것이다. 그럴 때면 세계 곳곳의 이상기후를 보도하는 뉴스 기사에 달린 '지구가 슬슬 끝내려고 하나 봐요'라는 댓글이 말풍선처럼 나를 따라다니며 괴롭힌다. 고작 몇 모금을 위해 버려지는 음료, 빨대, 플라스틱 컵들이 켜켜이 쌓여 나를 짓누르는 것 같다. 반면에 억울한 마음도 존재한다. 나는 분명 커피 한 잔에서 1,700원어치 정도만 마시는 것 같은데 세상은 나에게서 4,500원을 앗아가기 때문이다. 그러나 이 가격에 카페에서 제공하는 일회용 컵, 빨대, 음료, 서비스, 공간, 시간의 가치가 모두 포함되어 있다고 생각하면 당연히 제 값을 지불할 수밖에 없다.

나는 작은 캔으로 나오는 음료가 좋고, 뚜껑이 있는 플라스틱 용기를 선호한다. 집에 있을 땐 뭐든 컵에 조금씩 따라 마시는 습관이 있고, 남은 건 냉장고에 다시 보관한다. 그 와중에도 본연의 상태에 가장 가깝게 보관하고 싶기 때문에 뚜껑을 잠글 때에는 정말 시계 방향으로 온 우주의 힘을 쏟아붓는다. 정작 뚜껑을 열 때는 힘이 없어서 늘 도구를 사용하거나 주변 사람에게 부탁해서 여는데, 닫을 때만큼은 마치 닉네임 곽두팔인 것이다.

그래서 뭐든 잘 남기고 잘 보관하는 곽두팔의 가방에는 언제나 다 못 먹고 남긴 초콜릿, 탄산수 같은 것들이 과제처럼 남아 있곤 한다. 선택을 할 수 있을 땐 최소한의 양만 골라 먹는다. 김밥을 주문할 땐 '밥을 적게 넣어주세요'라고 하든지, 적은 용량을 주문한다든지, 죽을 시킬 땐 3개로 소분하기를 선택한다(물론 아파도 입맛이 좋을 땐 3소분 따위를 선택해도 다 먹어치우기도 한다). 냉동식품과 냉장식품은 구매할 때 유통기한을 꼭 확인하는데, 소비기한까지 고려해서 최상의 컨디션으로 저장해두었다가 양심상 나에게 먹이기가 눈치 보일 지경까지 날짜가 지나면 미련 없이 버리곤 한다.

남기는 것이 일상이 되면 뭘 먹을 때마다 굳이

'억지로 끝내지 않아도 된다'라는 생각이 자연스럽게 자리를 잡는다. 프리 사이즈의 티셔츠가 큰 사람이 있고 작은 사람이 있듯, 나는 그저 공장에서 찍어낸 1인분의 몫을 다 먹어내지 못하는 사람일 뿐인 것이다. 정신 승리다. 음식을 버린다는 죄책감보다 어떻게 잘 남기고 관리할 것인가에 집중하기로 했을 때, 그래서 딱히 별 탈 없이 살아간다고 느꼈을 때, 그래서 방심했을 때, 그때 변수는 찾아왔다. 정말 느닷없이.

그냥 특별히 다를 것 없는 어느 날이었다. 한밤중에 느닷없이 내 방 어딘가에서 수류탄 터지는 소리가 났다.

뻥! 취이이이이이이이이익!

야밤에 도대체 이렇게 위협적인 소리가 어디서 날 수 있단 말인가. 소리는 꽤 길게 났고, 나는 상황파악조차 제대로 할 수 없었다. 정체를 알 수 없는 굉음. 왠지 흉악할 것만 같은 현실. 대단한 용기와 시간이 필요했다. 겨우 마음을 다잡은 후 불을 켜고 둘러본 방 안은 가관이었다.

그야말로 장엄한 광경.

서초구 미술관에서 '현대 예술의 굉음'이라는 제목을 달아 전시해야 마땅한 장관이 눈앞에 펼쳐지고 있었다. 성분이 불분명한 노란 액체가 천장을 수놓고 있는 것이었다. 도대체 내 방에서 무슨 일이 벌어지고 있는 것일까.

그때. 정전됐다가 전력이 복구되었을 때의 가전제품들처럼 나의 모든 기억 뉴런이 동시에 활성화되었다. 몇주 전, 오랜만에 만난 친한 친구와의 술자리, 신나게 술을 마시고 편의점에 따라갔다가 술 좀 깨라고 건네받은 숙취해소제, 배부른 소식좌가 겨우 입에 갖다 댔던 레디큐, 결국 다 먹지 못하고 잠근 뚜껑, 그냥 잠근 것도 아니고 내 안의 곽두팔이 아주 단단하게 잠근 뚜껑, 가방에 넣은 채 잊어버린 지난 세월, 그러니까 꽤 많이 지난 세월, 화장대 뒤쪽에 팽개쳐 놓은 문제의 핸드백, 따뜻한 방, 내 방 한 켠을 차지한 행거, 행거에 걸린 수많은 옷가지들, 좋아하는 니트 스웨터, 그리고 거기에 뚝뚝 묻은 부패한 숙취해소제를 보고 어이가 없어서 웃고 있는 나. 이 모든 장면들이 '저기요, 이게 바로 주마등이라는 건데요.' 하면서 지나갔다.

그러니까 한 차례 개봉된, 그리고 한입 마셔버린 후에 단단히 잠긴 부패한 숙취해소제의 위력이 마치 폭탄처럼 터지고 만 것이다.

'아, 레디큐가 터진 거야? 어이가 없네.'

하필 내가 방에 혼자 있을 때, 캄캄한 밤에, 그렇게 아름답게 터질 건 또 뭐란 말인가. 그것은 분분한 낙화, 동막골의 팝콘 다음으로 찬란한 추락이었을 것이다. 나는 실험에 실패한 미친 과학자처럼 태연하게 굴다가 이내 '천장은 절대 닦이지 않겠지.' 하는 생각에 잠시 절망했다. 성의 없이 묵념해 온 학창시절처럼 레디큐를 사준 친구를 잠시 원망하는 시간도 가졌다. 그러니까 어차피 다 마시지도 못하고, 내가 마신다고도 안 했던 숙취해소제를 왜 사줘서, 그걸 또 왜 하필 내 안의 곽두팔이 제대로 꽉 밀봉을 해서 이 사고가 났냐는 말이다.

'레디밤Bomb'의 위력은 실로 대단했다. 그것들

은 천장, 니트뿐 아니라 화장대 곳곳, 화장대에 올려둔 모든 물건의 구석구석에 침투해 있었다. 루미놀 반응 같은 게 가능했다면 내 방은 온통 반짝반짝 야광별처럼 빛났을 것이다. 나는 모든 물건을 꺼내 소독 수준으로 집요하게 닦고 또 닦았다. 법의학자가 된 기분으로.

폭발 사건 이후로 오랜 시간을 투자해 수습과 복구는 마쳤지만 끝끝내 천장의 노란 자국을 완전히 지우지는 못했다. 대신 음식을 제때 버리지 않으면 제한 시간이 흐르고 결국 수류탄처럼 터지고 말 거라는 생각을 갖게 됐다. 레디큐가 레디밤이 되어 터지기 직전까지 얼마나 그 안에서 부글부글 화학작용이 일어나고 있었을까. 이제 음식에 입을 갖다 대는 순간, 소식좌는 〈가족오락관〉에서 폭탄을 주고받는 마음으로 전전긍긍하게 된다. 머릿속에 유통기한 스톱워치가 나를 쫄래쫄래 따라다니는 것 같다.

식품에는 유통기한이 있다. 특히 개봉 후에는 균의 유입이나 변질이 훨씬 쉬우므로 각별히 조심해야 한다는 것을 모르는 사람은 거의 없을 것이다. 나 역시 알면서도 레디밤에 속수무책으로 당해버렸다. 물론, 의도하지 않고 바란 적도 없는 '봉변'이었다.

유통기한을 아예 초인적인 힘으로 없애버리는 방법을 어느 다큐멘터리에서 본 적이 있는데, 음식에 허경영의 이름을 쓰거나 사진을 붙이는 것이다. 허경영의 하늘궁에서는 일반 우유에 허경영의 이름을 쓰거나 허경영 사진을 붙여놓으면 우유가 절대 상하지 않는다고 믿는다고 한다. 그걸 '불로유'라고 하는데, 누구라도 마시면 그의 신체 세포가 늙지 않는 세포로 바뀌며 각종 질병이 낫고 암도 완치된다는 것이다. 그러나 추종자들이 불로유를 잘못 먹고 사망한 사례가 이미 방송에 많이 소개되었고, 심지어 신도들이 몇백, 몇천 병, 몇억 원어치씩 사서 부패한 우유들의 규모가 상당해 이걸 처리하는 과정에서 생기는 환경오염도 무지막지할 것이라는 지적도 있다. 이쯤 되니 불로유로 둔갑한 수많은 '상한 우유'들이 걱정돼 잠을 이룰 수가 없을 지경이다. 불로유도 결국 불로밤이 되면 어떡하나 싶다.

오늘도 소식좌는 냉장고를 열고 유통기한이 며칠 지난 우유를 보며 여전히 '먹어도 될까'를 고민한다. 정부는 2023년부터 소비기한 표시제를 도입했다. 대부분의 소비자들이 유통기한을 소비기한과 혼동하고, 그래서 먹어도 되는 음식들까지 쉽게 버려지는 경우가 많았기 때문이다. 소비기한 표시제는 2023년 한 해 동안 계도기간을 거치고 2024년부터는 본격 시행됐다. 그래서 2024년 1월 1일 이후에 제조되거나 수입된 제품에는 반드시 소비기한을 표시하도록 되어 있다. 다만 낙농업계에선 소비자의 보관 환경에 따라 제품이 변질될 가능이 크다는 반발이 있었고, 준비 기간을 충분히 거쳐 2031년부터 적용하기로 했다고 한다. 소식좌의 소비기한이, 수류탄의 폭발 유예가 조금씩 더 길어진 것 같지만 그렇다고 절대 안심해서는 안 될 일이다.

이별한 음식들을 붙잡을 수는 없지만 그럼에도 불구하고 미각의 즐거움을 포기할 수는 없다. 음식을 조금씩 잘 남기고 잘 즐기는 법을 터득해 가야겠다. 소식좌의 카운트다운은 계속된다.

지금 거신 전화는

옛날에는 집집마다 유선 전화기가 있었다. 그래서 친구 집에 전화를 걸 때면 전화 예절을 잘 지켜야 했다. 어른이 받으시면 무조건 인사부터 하고, 내가 누구인지 밝히고, 원하는 바를 말씀드려야 한다. "안녕하세요. 저 미달이 친구 의찬인데요, 미달이 집에 있어요? 미달이 좀 바꿔주세요." 조기교육의 아름다움이다. 우리는 자동응답기에 수줍거나 다급하게 메시지를 남기기도 하고, 좋아하는 친구 집에 코를 막고 장난 전화도 많이 걸었다. "아, 거기 짜장면집 아니에요? 네, 수고하세용." 받는 사람 입장에서 잘못 걸려온 전화는 귀찮고 곤란하다. 그런데 요즘 같은 세상에 개인 휴대전화 번호로, 8년째 같은 사람을 찾는 전화를 받다 보면 얘기가 달라진다.

— 여보세요.

— 류대현 씨 핸드폰 아니에요?

— 아닙니다.

— 여보세요.

— 아 그…. 류대현 님 핸드폰 아닙니까?

— 아니에요.

— 그 전화번호가 저기, 그, 이 번호가 아니에요?

— 예, 번호는 맞는데요. 제가 이 번호를 정말 오래 써서요. 그분이 번호를 잘못 가르쳐주신 것 같아요.

— 예.

　류대현 님을 찾는 연락은 각양각색인데, 주로 모임에 나오지 않아서 찾는 전화, 건대입구역 근처에 위치한 치과나 국민건강보험공단에서 오는 건강검진 안내 문자, 주민센터에서 오는 각종 알림 정도다. 추정을 해보자면 류대현 님은 나이가 지긋하신 할아버지였다. 처음에는 무심하게 받고 끊었지만, 혹시나 중요한 연락이나 검진 일정을 못 받고 지나치실 것 같아서 관공서, 병원에는 정정 전화를 넣어놓기도 했다. 그럼에도 불구하고 잊을 만하면 연락이 왔다. 내가 아닌 류대현 님을 찾는 연락이.

어떤 업보가 있어서 나에게 이런 연락이 끊임없이 오는 걸까. 어렸을 때 삼촌이 여자친구랑 통화하는 걸 안방 전화기로 엿들어서일까. "이휘. 끊어라." "어떻게 알았지…. 딸깍." 그것도 아니면 짝사랑하는 친구 집에 전화를 걸어 '여보세요'까지만 듣고 끊어서일까(미안, 나였어). 그러나 괴로움도 일시적이고 이런 잘못 걸린 전화도 규칙적으로 일 년에 서너 번씩 받으면 익숙해진다. 한 번은 아무렇지 않고, 다섯 번은 짜증이 나고, 열 번이 되면 오히려 의아해서 더 친절해지는 것이다. 그리고 몇 년이 더 지나면 또 다른 감정을 느끼게 된다. 혹시라도, 만에 하나라도, 더 이상 아무데서도 류대현 님을 찾는 전화가 오지 않는다면 왠지 서운하고 걱정될 것 같은 마음.

어느 날은 퇴근하는데 또 모르는 번호로 전화가 왔다. 역시나 류대현 님을 찾는 전화였다. 보통은 잘못 걸렸다고 하면 이내 끊는데, 이날은 몇 번이나 다시 전화가 왔다.

─ 아니, 정말로 류대현 씨 전화가 아니라는 거죠?

─ 네. 제가 이 번호를 오래 썼는데, 몇 년 동안 류대현 님을 찾는 전화가 정말 많이 왔거든요. 근데 정말로 아니에요. 제가 사실 그동안 각종 병원이랑 기관에 전화를 많이 넣긴 했거든요. 그런데도 계속 이렇게 전화가 오네요.

나도 모르게 하소연을 하기 시작했다. 아저씨는 알겠다는 말과 함께 전화를 끊었다. 그리고 5분이 채 지나지 않아서 다시 전화가 왔다.

─ 아니 아가씨, 나도 정말 이상한 게요. 제가 정말로 오랜만에 오늘 해 질 녘에, 정말로다가 한 몇 년 만에 여기 한강 고수부지 근처에서 류대현 님을 만났어요. 그래서, 아 왜 이렇게 연락이 안 되냐, 번호를 좀 알려달라 말씀을 드렸거든요. 그래서 그분이 오늘 저한테 번호를 또박또박 일러줬는데 그게 이 번호였단 말이에요, 아가씨.

'한강 고수부지', '또박또박', '일러줬다'. 등골이 오싹했다. 도대체 류대현 님은 누구인가. 60세 이상의 남성으로 추정되는, 건대입구 근처에 사시는, 단체 모임은 좀처럼 나가질 않아서 주변 사람들을 서운하게 하는, 모든 공공기관과 지인들에게 지속적으로 내 번호를 알려주는, 그런 도깨비 같은 존재는 누구란 말인가. 만약 이 세상에 수호신 같은 게 있다면 내 번호를 같이 쓰는 어느 할아버지일 것이다. 아저씨는 어찌 됐든 영문을 알아오겠다는 말과 함께 다시 전화를 끊었다. 10분 정도가 지났을까. 아저씨로부터 또 전화가 왔다.

— 아가씨. 제가 류대현 님이랑 통화를 했어요!
— 어떻게요?
— 제가 혹시 몰라서 이 국번을요, 89를 99로 바꿔서 한 번 걸어봤거든요. 그랬더니 류대현 님이 받았어요!
— 네……? 진짜 다행이에요. 어떻게 그렇게 걸어보실 생각을 하셨어요!
— 사실 아가씨, 그분이 귀가 좀 안 좋으셔서 잘 못 들으세요. 그런데 오늘은요, 제가 그 아내분이랑도 통화를 했고 그래서 번호에 대한 이야기를 잘 해드렸으니

까요, 아가씨, 혹시라도 또 이렇게 잘못된 전화가 오면은요, 아가씨가 번거롭더라도 설명을 한 번씩만 해주시면 좋을 것 같아요.

— 어렵지 않죠. 알겠습니다, 감사합니다.

  8년간의 미스테리가 이 아저씨의 정성으로 다소 허무하게 완결이 났다. 류대현 님은 본인의 휴대전화 번호를 완전히 잘못 알고 있던 것이었다. 그동안 8년 동안이나 잘못된 번호로 전화를 걸어 연락이 닿지 않았을 류대현 님의 지인들과, 도통 지인들로부터 연락을 받지 못했을 류대현 님이 무척 안쓰러워졌다. 그래도 다행인 것은 이제 그들이 이어질 수 있다는 것이다. 남다른 집념과 호의를 가진 한 아저씨 덕분에. 난 그런 게 참 좋다. 사소해서 지나치기 쉽지만, 돌아보고 붙잡는 순간 주변이 따뜻해지는 것들. 이를테면 키오스크 앞에서 주문을 헤매는 어르신에게 선뜻 다가가는 다정함이나, 자리를 양보해 준 젊은 친구에게 저쪽 의자가 비었다고 알려주는 자상함 같은 것 말이다. 그런 배려와 도움에 거창한 준비물이 필요한 것은 아니다. 작은 관심과 오지랖 정도면 충분하다. 어쩌면 8과 9 버튼 하나만큼의 차이일 수도 있는 것이다.

정성스러운 아저씨와의 통화는 2년 전이고, 그 이후로 잘못 걸려오는 연락도 뜸해졌다. 그러나 여전히, 지난 달에도, 류대현 님이 국가 건강검진 대상자라는 문자가 왔다. 아쉬울 때 등장하는 쿠키영상처럼. 조만간 또 한 번 공단에 연락해 전화번호를 수정해 달라는 민원을 넣어야겠다. 그저 류대현 님이 무탈하시길 바란다. 류대현 님, 올 한 해도 건강하세요. 또 누군가에게 전화가 오면 제가 맞는 번호를 꼭 알려드릴게요.

난 그런 게 참 좋다. 사소해서 지나치기 쉽지만, 돌아보고 붙잡는 순간 주변이 따뜻해지는 것들. 이를테면 키오스크 앞에서 주문을 헤매는 어르신에게 선뜻 다가가는 다정함이나, 자리를 양보해 준 젊은 친구에게 저쪽 의자가 비었다고 알려주는 자상함 같은 것 말이다.

헬스장 일진

 모든 선배들의 특권은 이따금 텃세로 발현된다. 그들은 신입들의 일거수일투족에 민감하게 반응하고, 신입들이 공짜보다는 유료로, 어떠한 코칭이나 멘토링 없이 셀프로 습득해 내길 원한다. 인생에 수업료가 있다면 그들이 가장 먼저 세금을 떼어 가려 할 것이다. 먼저 태어나고, 먼저 학습하고, 먼저 깨쳤다는 이유로 그들은 기득권층이 되어 우리를 내려다본다. 커튼 뒤에서 실수를 훔쳐보고 비웃는다. 조금이라도 신입의 살이 닿으면 비상벨을 누르고 소독을 해야 할 것처럼 군다. 어쩌면 텃세란 뭔가를 먼저 경험한 선배들의 빳빳한 명함 같은 것일지도 모른다. 나에게는 없고 그들에게만 있는 휘장 같은 것.
 우리 동네 헬스장에는 일진이 있다. 나는 그 거

대한 조직을 저녁 GX 수업이 끝나는 시간에 처음 마주쳤다.

보통 나는 비교적 한산한 오후에 헬스장 가는 걸 좋아하는데, 밤낮이 점점 기울어서 그날은 저녁시간에 운동을 하게 됐다. 운동이 끝나고 라커룸에서 샤워 도구를 꺼내려는데 땀에 흠뻑 젖은 나이 든 여성 두 분이 내 뒤를 바짝 따라붙었다. 환불원정대처럼 당차고 빠른 걸음으로 그들은 본인이 쥔 번호 키에 해당하는 라커 앞으로 돌진했다. 움직임에 한 치의 오차도 없다.

드르륵, 탁. 슉, 탁. 드르륵.

열쇠를 돌려 샤워 도구를 꺼내고 다시 문을 닫아 잠그는 데에는 3초도 걸리지 않았다. 〈강철부대〉[1]의 첫 번째 미션이 헬스장에서 옷 빨리 갈아입기였다면 우리 동네 일진 조직이 우승기를 꺼내 들었을 것이다. 하지만 그런 감탄도 잠시, 불길한 미래를 직감한 나의 손도 동시에 빨라졌다. 선발 수색대는 두 명. 본진이 이곳을 점령하기 전에, 어서 빨리 나도 샤워부스 한 칸을 내 것으로 만들어

---

1 채널A와 SKY에서 공동 제작한 대한민국 특수부대 팀 서바이벌.

야 한다.

"아우! 더워!"

"진짜 힘들다."

"휴!"

더운 태풍이 들이닥친다. 아직 나는 샤워 도구를 꺼내지 못한 상태다. 서둘러야 한다. 조급함을 티 내지 않으려는데 땀에 젖은 스포츠브라가 안 벗겨진다. 이렇게 안 벗겨지는 걸 억지로 벗다가 팔이나 어깨가 빠지지는 않을까 늘 걱정하지만, 오늘만큼은 지체할 수 없다. 땀 때문에 끈적끈적해진 온몸에 최대한 힘을 주어 브라를 벗어던지고 샤워부스로 향하는데 이미 열 명 정도가 우르르 들어와 샤워부스는 절반이 찼다. 아직 [원활]. 그러나 방심해서는 안 된다. 평소 GX 수업이 진행되는 공간과 인원을 고려해 볼 때 절반도 안 들어왔을 것이다. 겨우 샤워를 하러 들어가려는데 날카로운 목소리가 탈의실에 울려 퍼진다.

"내 자리 있어?"

누가 봐도 두목처럼 보이는 여자가 왼팔과 오른팔을 대동하고 등장했다. 말투에는 거침이 없고 양심도 없었다. 내 자리? 아니, '내 자리'라고요?

언제부터 샤워부스가 예약제로 운영된 걸까. KTX처럼 각자의 자리가 정해져 있는 걸까. 나도 모르는 이 조직의 '룰'에 의하면 이런 대화도 가능할 것이다. "저기요, B-5번에서 나와 주시겠어요? 저희 두목님 쓰셔야 하는 자리입니다." "네, 죄송합니다. 즐거운 샤워 되십시오."

그들만의 규칙에 전혀 쫄지 않은 나는 두목의 앞을 가로질러 당당히 '내 자리'를 찾아 들어갔다. 모두가 들으라는 듯 구시렁거리면서. 샤워 한 번 하는 데 이렇게까지 맹렬한 기세로 부스를 쟁취해야 한다는 걸 좀 더 일찍 알았다면 어땠을까. 나는 슬그머니 빈 부스로 들어가 샤워를 시작했다. 겨우 씻기 시작했는데 이번에는 '드라이기는 세 대밖에 없는데 머리를 말릴 때에는 어떤 작전이 필요할까'가 걱정되기 시작했다. 젖은 머리로 집까지 갈 생각을 하니 갑갑했는데 아니나 다를까, 샤워를 끝내고 나와 보니 모든 드라이기가 풀가동 중이었다. 타이밍 한번 제대로 실패했다.

알몸으로 세상을 보면 모든 게 더 선명하게 보

이는 걸까. 모든 드라이기가 열일을 하고 있는데 정작 머리를 말리고 있는 사람은 단 한 사람도 없었다. 거울 앞에 선 모든 사람들이 드라이기를 옆으로 세워놓고 샤워 타월을 말리고 있다. 물론 보송하고 따뜻하게 바짝 마른 샤워 타월을 싫어하는 사람은 없을 것이다. 나는 젖은 머리로 물을 뚝뚝 흘리며 귀신처럼 거울에 가까이 다가갔다. 쫄았지만 쫄지 않은 척을 하면서. 그런데 내가 무언의 압박을 하기도 전에 그녀들은 일제히 자리를 비켜주었다. 일진들은 본인의 이익과 효율을 챙기는 데에는 한없이 공격적이고 본능적이지만, 머리가 물미역처럼 젖은 사람 앞에서까지 안하무인은 아닌 것처럼 보였다. 어디서 주워들은 괴담처럼 샤워장에서 젊은 처자의 타투를 지워보려고 가까이 다가와 몸을 벅벅 문질러 본다거나, 튀는 컬러의 수영복을 입지 못하게 하는 수영장 일진 할머니들 같지는 않았다.

    자리를 맡아달라고 명령했던 두목의 폰케이스가 참 화려하다. 그녀의 양옆으로 왼팔과 오른팔이 바짝 다가온다. 두목보다는 인상이 좀 더 선해

보인다. 그들은 이번 주 부업 모임에 모일 수 있냐 없냐를 놓고 회의가 한창이다. 개인 스케줄 때문에 참여가 힘들다는 오른팔이 난처해 보인다. 조금 더 온순해 보이는 왼팔이 상냥하게 덧붙인다. "아니, 엘리베이터가 고장 났대." 어떤 부업인지 몰라도 벌이가 쏠쏠한 모양이다. 가만히 듣고 있던 두목이 오른팔의 얼굴에 대고 손가락질하며 말한다. "언니, 탈락!" 가차 없다. 나도 그 두목에게 말하고 싶다. "아니 선생님, 샤워 부스에 네 자리 내 자리가 어디 있어요? 님 탈락!" 그러나 이런 용기는 나의 상상에서만 발현될 뿐 실현될 리 없다.

머리를 다 말렸음에도 자리를 비키지 않거나, 조금 큰 엉덩이로 라커 문을 가로막고 있거나, 노골적으로 알몸을 쳐다보는, 시끄럽고 제멋대로여서 미운 일진들도 있지만, 그렇지 않은 조직도 있다. 왠지 자주 마주치고 싶어서 기웃기웃거리며 운동 끝나는 시간을 은근히 기다리게 되는 일명 '빅 보스' 무리. 조금 더 활기차고 인상이 좋고 정이 많다. 그들은 운동이 끝나면 젖가슴을 내어놓고 마주 본 채 서로의 안부를 묻는다. 휴가로 다녀온 여행에서 물은 잘 맞았는지, 저녁 메뉴는 뭘 해먹을지, 치킨을 시켜먹을지 말지 같은 것들을 의논하고 궁금해한다. 그리고 그들을 이끄는 조용한 빅 보스. 빅 보스는 크다. 빅 보스는 묵묵하다. 신참을 빤히 바라보는 눈빛에도, 차분히 걷는 걸음걸이에도 특유의 여유가 있다. "저를 받아주십시오!" 하면 "화요일 8시 수업에서 봐." 하고 대답해 줄 것만 같은 인자하고 위엄 있는 얼굴. 자상한 호랑이 같다. 나는 이 빅 보스 무리를 구경하는 게 좋아서 고정적으로 저녁 시간에 운동을 하기 시작했다.

빅 보스 조직으로부터 나는 많은 것들을 배운다. 샤워부스를 점령하려면 라커룸 앞에서 옷을 갈아입는 행위 따위는 사치라는 것(운동복을 입은 채로 샤워부스를 미리 '찜'해 둔 후에 옷을 벗으면 굳이 서두를 필요가 없다), 맨 오른쪽에서 두 번째 칸은 하수구 냄새가 많이 난다는 것, 다 쓴 아이크림을 즙 짜듯이 짜낼 때에는 손아귀의 악력 대신 수건의 마찰력을 이용하면 된다는 것, 샤워가 끝나면 로션을 바르거나 옷을 꺼내 입는 동안 드라이기를 틀어놓은 채 샤워 타월을 야무지게 말리는 스킬 같은 것들 말이다. 그녀들은 샤워에 미친 사람들처럼 굴지 않는다. GX가 끝나면 절반 정도는 탈의실이 아닌 웨이트장으로 향한다. 스트레칭을 하며 내일을 계획한다. 얼굴에 너그러움이 있다. 이 모든 것들은 조금씩 체득되어 신참의 레벨과 노하우에 양분으로 쌓인다. '저렇게 살아야지' 혹은 '저렇게 살진 말아야지'와 같은 삶에 대한 태도들로 말이다.

빅 보스가 샤워를 마친 후 무리에게 화두를 던진다.

"키 큰 누구가 안 오네?"

"어, 그러네."

"안 나온 지 한참 됐어."

"나두, 수업 때 누가 키 큰 사람이 들어오면 혹시나 해서 쳐다본다니까?"

"그러고 보니까 정말 못 본 지 좀 됐다."

"애들이 방학해서 못 오나?"

빅 보스는 화두만 던질 뿐, 별다른 대꾸를 하지 않은 채 옷을 갈아입고 시크하게 탈의실을 빠져나갔다. 인사는 생략한다. 마이웨이. 신참인 나는 그 카리스마에 반해 잠자코 뒷모습을 지켜봤다.

아무거나 괜찮아요

 친한 가수 매니저님과 점심 약속을 잡았다. 언제 한번 얼굴 보자는 말로는 영원히 만날 수 없음을 알기에 대뜸 '날짜 몇 개 주세요'라고 먼저 들이댔다. '막방이 끝나면, 여행을 다녀오면, 설 연휴가 끝나면…'과 같은 가정법들은 고갈되기 마련이고 무엇보다 말과 얼굴만 동동 떠다닌 채로 마주칠 때마다 '바쁘시죠, 언제 한번 봐야 하는데'라는 어색한 인사를 나누긴 싫었기 때문이다.

 장소부터 메뉴, 날짜, 시간까지 정할 것들이 많았다. 유독 농담과 너스레로 칠갑을 하면서 돈독해진 케이스지만 아무래도 일을 하면서 만난 사이라 녹화나 리허설, 회식 때만 봤을 뿐 따로 시간을 내어 만난 적은 없었기 때문에 서로에 대한 사전 데이터가 부족했다. 날짜와 장소는 내가 제안했지만, 메뉴는 곤란할 정도로 어려웠다. 어차피 나는 소식좌인 편이고 음식에 대해 큰 집착이 없다. 결국 나는 아무거나 정말 다 잘 먹는다는 말을 세 번쯤 반복하고 나서야 전화를 끊을 수 있었다. 정말로 아무거나 다 잘 먹을 자신이 있고, 그와 내가 딱히 메뉴가 중요한 사이는 아니었기 때문이다.

그러나 따져보면 나는 비겁했다. 암묵적으로 그에게 메뉴 선택을 전가했을 뿐이었다. 그래놓고 발 뻗고 며칠째 수월하게 잠을 잤다. 역시나 매니저님은 약속 하루 전 날 나에게 한정식 집 링크를 보내왔다. '작가님 여기 어떠세요?' 얼마나 깊고 오랜 과정이 있었는지는 상관없이 그 링크를 찾아 보내기까지의 수고로움에 깊이 감사했다. 무조건 좋다고 했다. 그리고 맛있게 먹었다. 그리고 커피를 마시며 얘기했다. 우리는 메뉴가 중요한 사람들이 아니니까요, 다음에도 맛있는 걸 먹겠지만 서로 부담은 가지지 맙시다. 그럽시다.

이따금 손질이 필요한 나의 머리와 손톱을 전적으로 맡고 있는 부원장님, 원장님들과도 그렇게 '아무렇게나' 인연을 이어가고 있다. 그녀들은 이제 나에게 더 이상 "어떻게 해드릴까요?" 묻지 않는다. 미용실에 사진을 가져가 비슷하게 해달라고 말하는 것을 워낙 쑥스러워하는 성격이라 정확히 무엇을 원한다고 말하기가 어려운데(마치 내가 그 '머리'가 아니라 '얼굴'을 원한다고 말하는 것 같아서. 예를 들면 '손님, 이건 웬디라서 가능한 스타일링이에요'라는 괄호 속의 말을 듣게 되는 것을 혼자 상상하기 때문.) 그분들은 알아서 자르고 케어해 주시고, 알아서 색을 골라주시고, 나는 그 모든 선택이 마음에 쏙 든다. 집에서 혼자 가위로 김을 자르듯 옆머리를 어설프게 잘라 놓으면 요즘 유행하는 히메컷으로 센스 있게 다듬어 주시고, 동그란 손톱이 좀 지겨운가 싶은 생각이 들면 여지없이 스퀘어 모양을 추천받기도 한다. 역시 전문가의 센스와 노하우란 대단한 것이다. 이렇게 오랜 경험이 누적되어서 나는 방문할 때마다 얘기한다. '아무 생각도 안 하고 왔어요. 원장님이 추천해 주시는 걸로 할게요.' 단발을 고집하던 내가 머리를 조금이나마 기를 수 있게 된 것도 나의 변덕과 참을성을 알아채 준 부원장님의 스타일링 덕분이고, 손톱 색이 예쁘다는 말을 자주 듣는 것도 네일 원장님의 컬러 조합 실력과 남다른 어른스러움, 사업 정신, 책임감 덕분이다. 나는 그래서 그냥 그들과 그들의 선택을 맹신한다. 정말로 그분들이 나의 모든 외형을 마음대로 바꿔놓아도 괜찮다.

'아무거나 괜찮아요'라고 말하는 사람들은 정말 취향이 없고 아무거나 괜찮은 걸까. 나의 경우에는 그렇지 않다. 단지 아무 생각이 없거나 그저 남에게 선택을 떠넘기는 사람들도 물론 존재하지만, 나에게 '아무거나'는 무수히 많은 경험과 의사결정 과정을 거쳐 어떤 것도 나쁘지 않다는 확신이 들어 랜덤으로 선택해도 안전할 때(어딜 가도 평타 이상은 하는 상암동에서 메뉴를 고른다거나), 혹은 경험 자체가 전무하기 때문에 전문적 배경지식을 가진 타인에게 결정권을 위임할 때(미용실이나 네일숍에서, 혹은 맛집을 너무 좋아하는 쩝쩝박사 친구들과 만날 때 등), 인생은 한 번 뿐이고 지금 당장 내가 닭칼국수 못 먹는다고 죽는 것도 아닌데 누군가 소곱창에 소주가 너무너무 먹고 싶다고 할 때 쓸 수 있는 말이다. '나 아무거나 다 좋아. 괜찮아. 곱창

먹을까 그럼?'

역시 대충 나온 답변 같아도 그 뿌리를 해부해 보면 굉장히 까다롭고 빈틈 없다. 결국 우리는 아무것도 선택하지 않은 것이 아니라 '아무거나'를 선택한 것이다. 그러므로 우리에게 취향이 없는 것은 아니다. '쟨 아무거나 다 잘 먹어'는 틀린 명제다. 우린 취향이 확고하다. 아무 노래나 일단 틀라고 해도 결국 뒤에 '신나는 걸로'라는 가사가 붙는 이유도 다 이런 숨은 전제가 있기 때문이다.

그러나 사회에서 아무거나 괜찮다는 말은 다소 무책임하다. 너무 무책임해서 유혹적일 지경이다. 다 좋다는 말로 에둘러서 남에게 검색과 결정을 떠넘긴다. '점심 뭐 시킬까요?' '아무거나 좋아.' '생일선물 뭐 갖고 싶어?' '나는 다 좋아!' '몇 시에 볼까?' '아무 때나!' 결국 이 대답이 반복되면 상대방은 화가 머리끝까지 치밀어 오를 수밖에 없는 것이다. '야, 그럼 새벽 3시에 호의동에서 볼래?' '호의동? 그게 어딘데?' '어, 평안북도 창성군 의산리의 동북쪽에 있는 마을이야.' 결국 이 글을 읽는 당신과 나는 아무거나 괜찮다는 이유로 당장 새벽

3시까지 월북해야 할 수도 있다. 약속시간 전에 미리 도착하는 성격이라면 2시 45분까지.

방송을 만들 때라면 '아무거나'는 더더욱 위험해진다. 우리는 아무나 섭외할 수 없고, 아무 곳에서 찍을 수 없고, 아무 말이나 할 수 없고, 아무렇게나 편집할 수도 없으며, 아무 텍스트나 자막을 얹을 수 없기 때문이다. 아무 음악, 아무 스태프, 아무 보도자료, 아무 조명, 아무 음향, 아무 카메라, 아무 소품…. 모든 것에 선택과 집중이 필요하다. 배경은 여기로 할까요? 동선은 이게 좋겠죠? 테이블에 테이블보를 깔까요? 헬멧에 골프채를 붙여서 대결할까? 발가락만 써서 과자를 먹는 게 더 힘들겠지? 수십, 수백 가지의 선택을 거쳐야 무사히 송출할 수 있다. 그래서 우리에게는 좋은 결정권자가 필요하고, 그 결정에 기여할 수 있는 많은 사람들의 좋은 의견이 필요하다. 그래야 조금이라도 '최선'에 '수렴'할 수 있다.

점심 메뉴를 고를 땐 두 발자국 뒤에 숨는 나도, 방송을 할 땐 그렇게 즐거울 수가 없다. 그 선택은 나만의 이익이 아닌 다수가, 그것도 몇만 명이 보는 영상을 좋은 콘텐츠로 만들기 위함이기 때문이다. 그래서 무조건 열심히 '더 좋은 것'을 '선택'한다. 물론 그 과정은 쉽지 않다. 호불호를 알 수 없는 메인 PD님의 우유부단함에 지치기도 하고, 어떨 때는 아무 의견이나 말해보라고 해놓고 정작 아무 말을 하면 어색한 공기가 누전차단기처럼 목구멍을 틀어막기도 한다. 그럼에도 제작진은 선택을 멈추지 않는다. 그 선택 하나를 위해 모두가 고민하고 설득하고 주장하고 인정한다. 나 역시 더 좋고 알맞은 것들을 골라내기 위해 애쓴다. 대본을 쓸 때는 MC 말투로 소리 내어 읽어가며 멘트를 고치고, 9박 10일 촬영 동안 막내들의 출퇴근 시간 교대는 언제가 적당할지 결정하고, 어떻게 찍어야 시청자가 더 이해하기 쉽고 재미있을지 여러 번 시뮬레이션한다. 그렇게 겨우 선택을 마치고 나면 또 다른 질문과 고민거리가 매일같이 책상에 놓여 있다. 해를 거듭할수록 그 질문들은 더 많고 무거워진다. 만약 내가 그때마다 '아무거나 좋다'라고 말했으면 어땠을까. 한 가지 분명한 건 우리 모두의 퇴근이 늦어졌을 수도 있다는 사실이다.

일할 때 보면 이렇게까지 명확하고 뚜렷한 주관을 가진 내가 존재할 수도 있다는 사실에 감탄한다. 나는 원래 아무거나 좋아하는 사람인데. 어쩌면 선택에 필요한 기氣를 모두 일에 써버렸는지도 모른다. 돌아보면 이 에너지가 적정 수준으로 유지되었으면 하는 바람으로 '사적인 나'는 다 괜찮다며 고민을 멈춰버린 것 같다. 상대방의 제안과 배려를 손가락으로 튕겨내며.

그래서 앞으로 조금은 나의 욕망에 집중하기로 했다. 하고 싶은 것을 말하고, 하고 싶은 일을 할 것이다. 좋아하는 것을 말하고, 싫어하는 것을 배제할 것이다. 물론 이따금 아무거나 좋을 때도 있고, 결정을 양보하는 날도 있을 것이다. 그러나 그 선택을 타인에게 전가하거나 모른 척하지는 않기로 결심한다. 아무거나 좋다는 것도 결국은 하나의 선택이겠지만, 그걸 빌미로 상습적으로, 유해하게 써먹지는 않을 것이다.

그런데 다음 주 금요일 저녁 약속에는 정말 아무거나 먹어도 괜찮다.

내 성격에 엠바고를 건다

"말로 사람 상처 주지 마. 사람 마음도 음식처럼 상해서, 한번 상하면 좀처럼 돌아오지 않아. 신간[1] 상하게 하지 마라."

가끔씩 엄마가 하는 말이다. 나는 엄마가 나에게 왜 이런 당부를 하는지 안다. 내가 말 한마디로 사람 자존심을 유압프레스처럼 꾹꾹 눌러버릴까 봐 염려하기 때문이다. 내가 봐도 나는 어떻게 해야 말로 사람을 가장 뾰족하게 찌를 수 있는지를 아는 사람처럼 굴 때가 있다. 그래서 평소에 다정함과 상냥함이라는 가면을 쓰고 사는 걸까. 언제라도 반격할 수 있도록 혀에 독침 같은 걸 숨겨두는 걸까. 가까운 거리의 상대를 한 방에 암살하는

---

[1] 심간心肝의 전라도 방언. '깊은 마음'을 가리키는데 '속 상하게 하지 마라, 속 문드러지게 하지 마라'라는 의미로 쓰인다. 엄마 덕분에 알게 된 표현이다.

방법에는 독설만큼 좋은 것도 없으니까.

오랜만에 지인 J와의 식사 자리에서 그냥 지나가는 말로 이 얘기를 꺼냈는데, 돌아오는 대답이 충격적이었다.

"어. 너 성격 안 좋아."

투셰touche! 그때 알았다. 해리포터 심리테스트를 할 때마다 아무리 그리핀도르가 나와 달라고 외쳐도 결과는 항상 슬리데린이었던 이유를. 어쩌면 나의 본성은 차갑고 악랄한 뱀 같은 것일지도 모른다. 나는 정말 못되고 못난 걸까. 질투도 하고 열등감도 느끼고 화도 나고 가끔은 남의 흉도 보고 나쁜 농담을 일삼고 막무가내로 까부는 못된 사람. 다 그렇게 사는 거 아니었나. 빌어먹을 기숙사 모자가 나에게 소리친다. "슬리데린! 넌 슬리데린이야!"

그런데 저 사람은 뭘 안다고 아무렇지 않게 밥을 먹으면서 저런 말을 하는 걸까. 그 순간 J와 일하면서 그에게 화내고 대들고 짓궂게 굴었던 내 모든 모습이 떠올랐다. 더 좋은 결과물을 만들기 위한다는 이유로, 양질의 회의를 한다는 이유로,

가편이 재미없다는 이유로, 피디들이 무리한 업무를 떠넘긴다는 이유로 나는 언제나 그에게 으르렁댔다. 그리고 그것들은 '성격 안 좋다'라는 말을 듣기에 충분했다. 치명적인 실수로 실점한 사람처럼 그렇게 한 차례 마음이 부르르 끓었다가 다시 가라앉을 무렵 J가 한마디를 더 했다.

"근데 너, 잘 숨기고 있는 것 같아. 잘하고 있어."

"아…?"

그의 설명에 의하면 나는 대외적으로 문제없이 주변 사람들의 호감과 믿음을 사며 정말 '잘해 오고 있다'는 것이다. 그러고 보니 그렇다. 나는 예민함과 까탈스러움을 숨기고 때로는 깡패 같고 양아치처럼 살고 싶다는 마음을 억누르며 산다. 슬리데린의 신분으로 그리핀도르 기숙사에 무사히 잘 숨어 있다. 뭐지? 잘하고 있잖아?

남들에게 보이는 나의 모습은 옷으로만 감추고 꾸밀 수 있는 게 아니었다. 성격이라는 알맹이도 겹겹이 숨기고 포장할 수 있다. 전체 공개, 친구 공개, 친한 친구 공개, 비공개의 옵션이 있는 것처럼 모두들 자신의 성격을 언제까지 누구에게 얼마만큼 공개할지를 스스로 정하고 지키며 사는 것 같다. 최대한 열정적이고 책임감 있는 모습은 일하는 사람들에게, 덜렁대고 허술하고 흘리고 다치는 건 친구들에게만, 멍청하고 말 많고 실속 없는 건 절친들에게만, 못생긴 표정을 지으며 춤을 추는 건 가족들까지만 볼 수 있다. 이 정도면 나는 주변인들에게 '나를 볼 때는 여기를 보세요'라고 관람 구역을 능숙하게 지정해 줄 수 있을 정도로 프로인 걸까. 그렇게 좋은 사람을 '흉내 내며' 살고 있는 걸까. 아무래도 괜찮다. 비공개인 나의 모습은 나만 알고, 나는 이 모자라고 서툰 모습들도 다 마음에 든다.

매스컴에서 어떤 뉴스나 기사를 일정 시점까지 보도하지 않도록 약속하는 것을 엠바고embargo라고 한다. 나는 나의 못난 성격을 특종 삼아 일종의 엠바고를 걸고 있는지도 모른다. 나와 일정 수준 이상 친밀해지기 전까지는 본 모습을 공개하지 않는다는 조건을 걸고. 다행인 것은 내 친구들은 너무나도 현명해서 내가 굳이 부탁하지 않아도 알아서 비밀을 지켜줄 거라는 점이다. 그래도 가끔은 더 조심해야 할 것 같다. 대외비 문서를 다루듯이. 방심했다가 해킹되지 않도록.

나는 예민함과 까탈스러움을 숨기고 때로는 깡패 같고 양아치처럼 살고 싶다는 마음을 억누르며 산다. 슬리데린의 신분으로 그리핀도르 기숙사에 무사히 잘 숨어 있다. 뭐지? 잘하고 있잖아?

가난을 눈치채지 못했어

 어렸을 때 집에서 쥐가 나온 적이 있다. 나는 그게 하나도 창피하지가 않다. 오히려 반가운 기억이다. 90년대 서울 중계동, 그때는 지금의 내가 혼자 사는 집의 안방보다도 작은 집에서 엄마, 아빠, 나 세 식구가 함께 살았다. 부엌에는 언제나 쥐덫이 있었고, 간밤에 쥐가 걸리면 쥐덫 채로 불에 태워서 버렸다. 하꼬방이라고 하기에는 훨씬 살 만하고 그렇다고 달동네라고 하기엔 달과 그리 가깝지도 않았던 오밀조밀한 동네. 그곳에서 기와집 한 채를 벽으로 나누고 문을 내어서 한 방에 한 가구씩 여러 이웃이 세 들어 살았다.

 그 시절의 나는 용감했다. 바퀴벌레가 나오면 무려 손바닥으로 팡 쳐서 잡고, 방바닥 틈에서 곰팡이 진물이 찌걱찌걱 나오면 노란색 테이프로 붙여서 막았다. 언제라도 쥐랑 마주칠까 봐 예고 사격처럼 부엌을 발로 쿵쿵 차면서 다녔다. 같은 지붕 아래 칸막이로 나눠 사는 대여섯 가구가 집 밖에 있는 푸세식 화장실을 함께 사용했는데, 주기적으로 오물을 거둬가는 탱크 달린 차가 왔다. 밤에 화장실에 가고 싶을 때는 아빠가 늘 밖에서 기다려줬다. 아빠는 짓궂어서 늘 귀신 이야기를 했는데 그래서 그런지 똥이 참 빨리 잘 나왔다.

 그런데도 나는 가난을 몰랐다. 어렸을 때 행복했던 기억밖에는 없다. 여름이 덥지 않았고 겨울이 춥지 않았다. 많이 웃었고 그것보다 더 많은 사랑을 받고 자랐다. 우리 집 앞에는 돌담길이 있었는데, 헥사 게임을 좋아하는 엄마가 창문을 열어놓고 컴퓨터를 하면 블록들이 삐륵삐륵 깨지는 소리를 들으며 집으로 달려갔다. 엄마가 가르쳐주는 세상과 밥은 늘 맛있었고, 크레파스가 그려진 나의 노란색 베개는 매일같이 포근했고, 아빠는 언제나 예외 없이 나를 웃겨주는 내 편이었다. 롤러스케이트도 타고 자전거도 있었다. 하나도 가난하지 않았다.

어느 날은 내가 가장 좋아하는 친구인 지혜가 우리 동네에 놀러왔는데, 옆옆 집에 사는 지선이가 잠시 지혜를 데려갔다. 지혜는 그렇게 지선이네 집을 구경하러 갔다. 나는 아무 생각 없이 지혜가 지선이네 집에서 돌아오기를 밖에서 기다리고 있었는데, 그때 지선이가 지혜에게 귓속말을 했다. 지혜는 난처한 표정이 되어서 나에게 몰래 다가와 말해주었다. "지선이가 그러는데, 너희 집은 좁고 자기네 집이 더 크고 두 배라고 그랬어. 그래서 너네 집에서 놀지 말래." 나는 아무 대답을 하지 않았고 그날 우리는 아무렇지 않게 놀았다. 눈치가 없어서 상처도 없었다. 나는 그저 '지선이가 왜 저런 말을 하지? 어차피 같은 지붕에서 벽만 치고 사는 거고 쟤네는 형제가 셋이라 방이 큰 것 같은데'라는 생각뿐이었다. 우리 집은 한 칸짜리고 쟤네 집이 두 칸짜리인 게 도대체 뭐가 어떻다는 말인가. 나는 쟤네 집 못 산다는 말보다 지선이가 지혜에게 귓속말을 했다는 사실에 더 화가 났다. 귓속말은 솔직히 선 넘었지. 감히 내 친구에게 비밀 얘기를 시도하다니. 지금 생각해 보면 지선이가 너무 웃기다. 가난에 사이즈가 있나. 재산의 규모로 줄을 세우면 가장 마지막에 선 사람이 가난한 걸까. 나는 그런 상대적인 것들이 싫다.

사춘기 때는 모두 다 같은 교복을 입어서, 지샥 시계와 나이키 운동화와 최신형 스카이 핸드폰을 써서, 차분하고 현명한 엄마와 적당히 허세가 있는 아빠가 최선을 다해 나를 키워주어서 또 가난을 모르고 컸다. 나에게 부유함과 가난함이 중요한 기준이 아니었듯 친구를 사귈 때에도 부모님이 무슨 일을 하시는지 무슨 차를 타는지 궁금해본 적이 없었다. 곰팡이 핀 내 방 침대에 같이 누워 닌텐도 게임을 하던 절친한 친구의 집은 모든 것이 반짝이는 서울의 근사한 아파트였고, 방배동 사는 남자친구와 만날 때에는 내가 돈을 더 많이 썼다. 어느 동네의 어떤 집에서 어떻게 사는지가 전혀 중요하지 않았다. 그때의 우리는 똑같이 언제나 배고프고 돈이 없었으니까. 그냥 그런 식이었다. 여전히 내 주변에는 부모님 재산으로 우쭐대는 친구도, 서로가 벌어둔 돈이나 월급의 단위를 재고 선을 긋는 친구도, 비싼 장신구나 명품을 자랑하는 친구도 없다. 누군가는 이런 나에게 인복이 많다고 감탄한다. 맞는 말이고 그래서 내 인생은 또 한 번 다행이다. 가난이 뭘까. 나는 가난한 적이 없다. 타격감이 제로였던 나에게 아무런 효과가 없었던 걸 보면 가난은 곱셈 같은 걸까.

그러나 세상은 가난을 자꾸만 입력시킨다. 견출지에 가난을 적어서 가슴팍에 붙여주고 싶어 한다. 6학년 때 전학 간 학교에서 선생님이 모두 눈을 감고 기초생활수급자인 사람은 손을 들라고 했을 때 나는 나도 모르게 실눈을 떠서 손 들고 있는 친구가 누구인지 확인했다. 어느 날은 교무실에서 선생님들이 어느 반의 누구는 무료 급식을 먹는다며 흉보는 걸 듣고 어른들에게 적잖이 실망했다. 가난한 사람들은 왜 자신의 빈곤함을 손 들고 발표해야 복지라는 상장을 받을 수 있는 걸까. 왜 할 수 있는 것보다 할 수 없는 걸 더 먼저 익히고 그러다 빨리 철 드는 걸까. 돌아보면 가난은 우리 주변 어느 곳에나 있었다. 나는 어쩌면 알고 있었는지도 모른다. 중계동 그곳이 얼마나 치열하게 가난했던 곳인지를. 옆옆 집 아저씨가 장롱에 목을 매 세상을 떠나도 남은 가족의 풍경은 달라지지 않는다는 사실을. 철이 없었다고 기억하는 나도 사실 과자를 고르라면 한 개만 고르고, 가정통신문의 빈 칸을 채우는 엄마의 모든 동그라미에 조금 마음 졸였다가 안심한 적도 있다. 그렇지만 적어도 나는 돈으로 구겨진 적 없이 컸다. 지금 생각해 보면 나를 그렇게 단단하고 동그랗게 만들어 주기 위해 엄마 아빠가 얼마나 노력했을지 가슴이 찡해져 온다. 그 노고와 사랑 덕분에 어린 나는 매일같이 빳빳하고 따끈하게 다려졌다.

그런데 요즘은 더 철 들고 더 여유 있는 삶을 사는 내가 난데없이 혼자서 가난을 의식한다. 방송 일을 3개월째 쉬고 있어서일까. 일을 할 때는 무조건 좋고 예쁜 것만 골라 담는 내가 마트에서 가격부터 확인하고 할인받을 궁리를 하는 게 갑자기 궁상맞아 보인다. '돈 많은 백수'라는 말을 들었을 때 난처해한다. 내가 돈이 많은가? 코앞의 내일이 불안해 죽겠는 프리랜서가? 저축해 둔 돈을 야금야금 다 써버려서 리어카를 끌고 폐지 줍는 상상을 하는 내가? 실업급여를 받기 위해 구직 활동을 하는 내가? 누가 물어보면 책을 쓰는 게 근황이라고 대답하는 내가? 어떨 땐 통장에 찍힌 숫자들이 하루아침에 사라지는 상상을 한다. 병들고 늙어서 요양이 필요한 내가 젊은 나에게 보은과 보필을 연금처럼 기다리고 있다. 나는 초조해서 발을 동동 구른다. 저축을 더 많이 할걸, 후회한다. (그렇다고 술값을 안 낼 수는 없었다.) 식구가 늘어나면 삶의 무게가 무거워진다는 말도 맞지만 혼자 벌어서 혼자 버텨야 하는 사람의 고민 역시 가볍지는 않은 것이다. 나는 왜 이제 와서 가난한 걸까. 뭐가 불안한 걸까.

열두 살 어린 동생에게 물었다. "넌 가난이 뭐라고 생각하니?" 동생은 시간적, 신체적 여유를 빼앗기는 게 가난이라고 대답했다. 고단한 삶을 버틸 만한 체력과 젊음이 있는 것 말고, 그 에너지를 자신의 의지와는 상관없이 척박한 현실 어딘가에 불필요하게 쏟아부어야만 하는 그 강제성이 가난이라고. 그리고 자신은 가난하지 않다고 덧붙였다. 롤을 하면서 이 정도의 대답을 하는 동생이라니 참 잘 컸다고 생각했다. 나는 내 동생이 가난하지 않다고 대답해서 좋았다.

   나는 아무래도 나중에 나이 든 내가 넉넉지 못한 살림이나 물질적 결핍을 경험할까 봐 가난을 미리 경계하고 있는 것 같다. 늙은 나와 수많은 다른 노인들의 인생을 벌써부터 한없이 비교하면서. 불편을 감수하고 여유를 빼앗기는 삶이 될까 봐 두려워하면서. 아무 대책 없이 사는 것보다 낫다고 생각하면서도 가끔은 이렇게까지 쓸데없이 겁을 먹는다. 정년이 보장되지 않은 삶, 동거인이 없는 삶, 나를 일의 터전으로 내모는 부양가족이 존재하지 않는 삶 속에서의 나는 얼마나 부지런하고 언제까지 유능할 것인가. 그러나 내가 어린 시절 배운 것은 가난을 눈치채고 창피해하는 게 아니라 내가 가진 것들에 감사하고 그 안에서 더 나은 삶을 살아내기 위해 노력하는 것이었다. 나는 그 모든 감각을 기억한다. 그리고 다시 한번 확신한다. 행여 내가 우려하는 고달픔이 생긴다고 해도, 타격감이라고는 없는 데다 눈치까지 없어서 가난도 불행도 흥미를 잃고 피해가는 내가 단단하게 버텨내 줄 것이라고. 그 전에 실력 있고 야무진 내가 어떻게든 어제의 나보다 더 나은 모습으로 잘 먹고 잘 살게 해줄 것이라고.

고기는 싫은데 제육볶음은 맛있지

햄 반찬이 없으면 밥 먹는 게 재미가 없던 시절이 있었다. 나보다 열두 살 어린 초등학생 동생이 "누나는 국 없으면 밥 못 먹잖아"라고 말했을 때 뜨끔했다. 양반 납셨네. 국과 고기와 쌀밥이 있어야 제대로 된 식사를 했다고 느끼는 어쭙잖은 장녀가 여기 있다. 돌이켜 생각해 보면 매 끼니 좋은 반찬을 식탁에 내기까지 엄마 아빠의 수고로움과 경제적 고민은 늘 내 것이 아니었다.

"산채에서 정을 나누며 오래도록 같이 살았으면 좋겠어."

이게 왜 아직도 기억이 날까(덧붙이자면 나는 '길이라는 것이 어찌 처음부터 있단 말이오'로 시작하는 장성백의 대사를 아직도 줄줄이 외울 수 있다). 열일곱 살이었던 나는 드라마 〈다모〉 폐인이었던 엄마를 통해

'산채비빔밥'을 좋아하는 사람이 있을 수도 있다는 사실과 그중엔 엄마가 있다는 사실을 처음 알았다. 엄마는 나물을 좋아했다. 아무리 생각해도 장성백과 함께 산채비빔밥을 먹고 싶다는 이유로 그 드라마를 좋아하는 것 같아서 용돈을 모아 〈다모〉 DVD를 사드렸다. 고기를 쌈에 싸먹는 것도 싫은 나는 도통 이해할 수 없는 취향이었다.

채소를 먹으면 입에서 잡초가 자라날 것 같은 기분이 들어 매번 쓰디쓴 약을 먹은 표정을 지었던 나지만, 어쩐지 지금은 우렁강된장 비빔밥에 계란프라이를 떡하니 얹어서 벅벅 비벼먹어야만 힐링이 되는 사람으로 컸다. '나물을 너무 많이 무쳐서…'라며 무거운 반찬통을 5개씩 가져오고 풀을 산더미처럼 실어오는 엄마와 입맛이 잘 맞게 된 점이 그렇게 기쁠 수가 없다. 상추? 콩나물? 무생채? 많을수록 좋다. 무나물은 들깨가루를 팍팍 넣어야 안심이 된다. 오늘 저녁은 열무와 봄동을 어떻게든 무쳐야 한다. 아무래도 내 안에 풀이 무성하게 자라나 숲이 된 것 같은 느낌이다. 더 많은 풀을 원한다, 더 많은 풀을….

고기를 먹으면 속이 더부룩하고 치킨을 먹으면 뾰루지가 나고, 야식 메뉴로는 족발 보쌈보다 비빔밥이 최고라고 주장하는 나는 엄밀히 말해서 채식주의자는 아니다. 그렇다고 고기를 좋아하는 것도 아니다. 고기는 싫지만 내가 만든 제육볶음은 하필 양념이 환상이고, 삼겹살집 회식이 그렇게 슬플 수가 없어 냉면 한 그릇에 소주를 한 꼬푸[1]씩 삼키지만 끝내 단백질 섭취를 위해 목살 몇 점을 질겅질겅 씹는 것이다. 고기를 안 먹으려고 냉면을 있는 대로 먹었으면서 차돌된장술밥 없이는 자리를 일어날 수 없다. 지구식단 두부텐더를 카트에 담지만 저녁에 햄김치볶음밥을 해먹는 아이러니 같은 일이 매일 일어난다. 따져 보면 잡식성일 뿐인데 스스로 베지와 논베지의 자아가 따로 존재하는 것처럼 구분하는 게 우습다. 이쯤 되면 그냥 모든 게 맛있는 사람이라고 봐도 무방하다. 너의 맛도 옳고 너의 맛도 옳구나, 모든 맛이 일품이다.

언젠가 채식을 결심한 나날들도 있었다. 며칠을 성공했을까. 너무 여러 번 시도했고 그 결말도

---

[1] 꼬푸는 '컵'의 경상도 방언이다.

대단치 않아서 딱히 성과가 기억나지도 않는다. 비건(채식)과 글루텐 프리(밀가루 끊기)를 동시에 선택하면 성질머리가 분기탱천해서 하늘이 두 쪽 날까 봐 하나만 하기로 했는데 하필 신라면이 먹고 싶어서 실패했던 것 같다. 신라면에 들어 있는 쇠고기 분말 스프를 싫어하는 사람이 있을까. 먼 옛날, 배낭여행을 하던 시기에 만난 나의 인도인 친구는 신라면이 싫다고 했다. 인도의 모든 채식 메뉴들은 웃기고 맛있었다(웃긴 이유는 그린 샐러드를 시켰는데 접시에 오이만 덩그러니 나왔기 때문이다). 아무튼 미안해 빈수 구루, 너희에게 소는 어머니잖아.

햄버거도 맛있고 비건 퀘사디아도 맛있는 나의 정체성은 무엇일까. 지금도 냉장실에는 계절별 나물 반찬과 두부가, 냉동실에는 차돌박이와 소갈비 살이 여당과 야당처럼 자리 잡고 있다. 다 때려넣고 비벼도 짜지 않을 만큼 슴슴하게 나물을 무치고, 대기업의 노하우가 담긴 소갈비 양념으로 정말 기깔나는 갈비찜을 만든다. 이런 걸 중도라고 하는 걸까. 아름다운 나의 음식 국회. 나는 평화를 원한다. 그 누구도 싸우지 않고 각자의 레이스를 했으면 좋겠다.

　달걀을 고를 때는 숫자가 1로 끝나는 제품을 고르는 것으로 동물의 복지를 생각하는 게 무슨 의미가 있나 싶지만, 그럼에도 우유를 두유로 바꾸고 고기 소비량을 조금씩 줄여가는 것만으로도 나의 건강이나 지구의 건강에 도움이 된다면 만족한다. 그게 아주 티끌만 한 것이라도. 나는 거창한 포부가 있어서 채식을 좋아하는 게 아니다. 그래서 그냥 이렇게 어중간하게 괴로워하면서 살기로 했다. 주관이 뚜렷한 비건족들의 채식 밥상을 보며 부러워하기도 하고, 얼큰순댓국과 오소리감투와 소주 조합에 행복해하기도 하면서. 연두로 간을 맞췄다가 고향의 맛 다시다를 넣었다가 하면서. 내 삶이 다하는 한 최선을 다해서 먹어댈 것이다. 매일같이 결심하고 실패하고 합리화하면서.

초대받지 못한 손님

 밤 11시. 신화의 〈해결사〉를 들으면서 비장하게 출발한, 그러나 막상 도착해서 뭘 해결할 수 있을지 확신은 부족한 채로 달려간 곳은 김포의 어느 된장전골 집이었다. 개업일에 만석을 기록하며 아비규환을 겪고 있는 아림네 부부에게 뭐라도 도움이 될까 싶어 퇴근하자마자 편한 옷으로 갈아입고 택시를 탔다. 개업 손님으로 가족들을 데리고 먼저 방문한 유경은 사장님이 너무 바빠서 의사소통이 불가하고, 야외촬영 때보다 더 힘들어 보이며, 주문한 내용들이 반영이 안 되는 걸 보니 아무래도 일손이 턱없이 부족한 것 같다고 전했다. 퇴근하고 돌아와 세탁기를 돌려놓고 고민했다. 내가 가면 도움을 줄 수 있을까. 서빙 아르바이트 같은 건 한 번도 해본 적이 없고 유사한 경력이라고는 축제 때 학생회에서 주점을 개최한 게 전부였다. 어묵탕을 휘젓던 국자를 내팽개치고 손님 자격으로 찾아온 친구들 테이블에서 소주를 마시며 얼굴이 벌겋게 되도록 취해 있던 내가 오늘날 자영업의 바다에 뛰어든 친구를 어떻게 구한단 말인가. 다행히 나의 구명조끼인 유경이 기꺼이 도와주겠다며 소매를 걷어붙이고 함께 와줬다. 세탁 종료까지 11분 남은 빨랫더미들을 뒤로하고 나는 김포에 점점 가까워진다.

하루 사이에 얼굴이 반쪽이 된 부부가 뭔가를 속닥속닥 상의하고 있다. 반갑게 인사할 기력도 없어 보였다. 재료 소진이라 지금 있는 두 테이블 손님 외에는 더 안 받기로 한 상황이라 본격적으로 일을 시작했다. 설거지와 대걸레질을 하고 쓰레기통을 비우고 냉장고에 술을 채우고 마른 행주로 식기를 닦았다. 누가 시키지도 않았는데, 누가 먼저랄 것도 없이 당연하게 해야 하는 일들이 눈에 보였다. 생각보다 우리는 합이 잘 맞았다. 소주병이 가득 들어 있는 플라스틱 박스를 번쩍 들어올리는 유경을 보며 저게 바로 엄마의 힘일지도 모르겠다는 생각이 들었다.

한 차례 바쁜 일들을 처리하고 사장 부부가 쓰레기를 치우는 동안 유경과 내가 가게 앞 화환 문구를 구경하고 있을 때였다. '맛이 친절하고 사장님이 진국이에요' 같은 문구들을 읽으며 나도 으리으리한 화환 하나를 선물할걸, 하는 생각을 하고 있는데 한 아저씨가 내 걸음을 옆에서 졸졸 따라오기 시작한다. 내가 보고 있는 화환들을 본인도 같이 빤히 쳐다보면서. 내가 옆으로 걸음을 옮기면 아저씨도 옆으로 걸음을 옮긴다. 짧고 불쾌한 추격전. 그동안의 나의 경험과 데이터를 기반으로 했을 때 아무래도 잘못 걸린 것 같다는 생각을 할 때쯤, 아니나 다를까 아저씨가 나에게 말을 걸었다.

"이 화분은 이렇게 두면 안 돼…. 여기 직원이세요? 제가 화환을 잘 가꾸는 법을 알려드리고 싶은데 한번 들어보실래요?"

나는 정말이지 이럴 때 '아닙니다', '필요 없습니다', '알아서 할 테니 이만 가주세요'라고 말해보고 싶다. 그러나 내가 이 가게의 직원일 거라는 생각을 하시는 것 같아 최대한 친절하게 네, 라고 대답했다. 그러자 일장연설이 시작되었다. 이 잎들은 넓으니 열대지방에서 온 것인데 이렇게 밖에 놔두면 얼어 죽어버린다, 종이컵으로 한 컵씩 매일 물 줘야 한다, 화분 안에는 아마 3분의 1이 다 스티로폼일 것인데 그건 장사꾼들이 더 많이 팔아먹으려고 일부러 부린 꼼수다, 같은 말들이 스크롤처럼 스쳐 지나갔다. 문제는 그다음부터였다. "여기 허리 여기 있죠? 여기를 좀 만져 봐요."

왜 나에게는 그런 능력이 있을까. 누구든지 나와 마주하면 자꾸만 자신의 얘기를 털어놓는다. 그게 초면이라도. 하여튼 좋은 재능을 잘도 타고난 바람에 길을 가던 모르는 아저씨마저도 예외 없이 하소연을 늘어놓는다. 바빠 죽겠는 새벽 1시에 불쑥 자신의 허리 보호대를 만져보라고 한다. 얼마 전 허리를 크게 다쳐서 보호대를 차고 다닌다는 둥, 그래서 경찰차를 한 번 부르고 구급차를 세 번 불렀다는 둥, 대통령이 무슨 법안을 바꿔서 자신이 곤란했다는 둥 궁금하지 않은 이야기들이 내 눈 앞에 쏟아진다. 나는 마스크 위로 아저씨의 눈을 가만히 쳐다보았다. 술에 취한 건 아닌 듯했지만 영 정상적인 동공은 아니었다. 나는 적당한 추임새를 넣으며 눈앞의 중년 남성이 위험한 인물일지, 혹시라도 돌발 상황이 벌어지면 내가 제압할 수 있는 사람일지를 끊임없이 가늠했다. 다소 경솔한 결론이었지만 혼자서도 이길 수 있을 것 같다는 생각이 들었을 때쯤 유경이 슬금슬금 가게로 들어갔다. 아저씨와 나 단둘이 남았다.

지루함을 견딜 수 없어진 건 이야기가 사업 파트에 진입할 때쯤이었다. 나는 이런 일이 생기면 마치 인간 실험을 하러 나타난, 그런데 직접 뛰어들어 플레이까지 하는 무모함을 감수하는 어느 사고실험 연구원처럼 상대방을 관찰하곤 하는데, 그렇게 무리해서 박사 코스프레를 하기엔 그날따라 아저씨의 길고 긴 드라마가 전혀 내 입맛에 맞지가 않았다. 아주 잠깐 동안 자는 척을 해서 택시 기사님을 조용하게 만드는 '3초의 매직' 기법은 길 한복판에서는 절대 호환이 안 되는 기술이었다. 결단해야 했다. 나는 누군가의 잠을 깨우는 사람처럼 크고 명확한 목소리로 말했다. "네! 사장님! 하시는 사업이 정말 잘됐으면 좋겠네요! 저는 마감을 해야 해서 들어가야 하니까 나중에 꼭 여기 와서 드시고 가세요!" 아저씨는 정신이 번쩍 들었는지 최면에 걸린 사람처럼 인사를 하고 사라졌다. "아, 여기 된장전골이 정말 맛있겠네요. 내가 다 좋아하는 것만 있네…." 나는 아저씨의 마지막 말까지는 마저 듣지 않고 가게로 들어갔다. 쓰레기를 정리하던 유경과 아림이 이젠 하다하다 모르는 아저씨까지 네 앞에서 인생 얘기를 하냐는 표정으로 나를 바라봤다.

한창 청소를 하는데 아저씨가 2분 만에 쿠키 영상처럼 나타났다. 아까는 없었던 플라스틱 카페 컵을 손에 들고. 아저씨는 구경을 하고 싶다며 마감한 가게에 터벅터벅 들어왔다. 그렇다. 휘가 꼬리를 주렁주렁 달고 들어왔다. 신원이 불명확한 꼬리를. 그때 나는 나의 호의가 잘못되었을 수도 있겠다는 생각이 들어 모두에게 미안해졌다. 초대장을 잘못 전달한 어느 관계자처럼. 우리는 모두 신경 쓰지 않는 척하면서 아저씨에 대한 견제와 긴장을 늦추지 않았다. 그때 아저씨가 입을 뗐다.

"이거 좀 먹어도 돼요?"

아저씨의 손에 들린 건 테이블에 모아둔 개업 기념 떡이었다. 아저씨는 비닐봉투에 두 개씩 소분해 둔 말캉하고 고소한 시루떡을 원하고 있었다. 모두가 입을 모아 얼마든지 가져가세요, 라고 대답했다. 그때서야 아저씨는 만족한 듯 발걸음을 돌렸고 가게의 분위기도 원래대로 돌아왔다. 아저씨가 시루떡과 함께 사라지고 난 다음에야 나는 깨달았다. 아저씨가 갑자기 손에 들고 있던 플라스틱 컵은 가게 건너편 쓰레기 더미 옆에 놓여 있던, 누군가 마시다 버린 반쯤 남은 음료였다는 걸. 어쩌면 아저씨는 자신의 인생 드라마를 관심 있게 경청해 줄 관객이 아니라 그저 주린 배를 채워 줄 누군가를 찾으려던 걸 수도 있다. 시루떡을 먹어야만 하는 이유를 조곤조곤 설파하면서. 우리가 바닥을 쓸고 주방 설거지를 하기 위해 뿔뿔이 흩어지는 동안 아저씨는 당당한 포즈로 멋스럽게 인사를 하며 사라졌다.

초대받지 못한 손님은 작년에도 한 번 찾아왔다. 호철 씨의 장례식장이었다. 호철 씨는 내가 여전히 열렬히 사랑하는 나의 외할아버지다. 영화 속 한 장면처럼 기품 있고 근사했던 호철 씨의 장례식에 손님들이 끊임없이 찾아오다가 소강상태에 접어들었을 때, 행색이 조금 남다른 어느 중년 남성이 호철 씨를 조문하러 들어왔다. 나는 그때 사촌동생과 나란히 앉아 조의금을 받고 있었는데, 첫눈에 그가 우리 손님이 아니라는 걸 알아봤다. 보통 세로로 이름을 차곡차곡 적는 방명록에 그는 굳이 가로로 본인 이름을 가득 채워 적었다. '이병철', 어느 맛집 가게의 연예인 사인처럼. 그러고는 호철 씨의 영정사진 앞에 터벅터벅 걸어가 털썩 엎드려 소리쳤다.

"아버지! 흑흑… 아버지!"

나는 그때 그의 까만 맨발바닥을 보았다. 가족들 중 몇몇은 우왕좌왕했고 몇몇은 어리둥절했다. 나는 알고 있었다. 그가 소주 한 병을 얻으려고 모르는 사람을 문상하러 왔다는 것을. 큰삼촌이 관계자를 찾으러 밖으로 나간 사이에 그는 조문을 마쳤다. 그때쯤 우리 모두는 그에 대한 파악이 끝나 있었다. 큰이모가 수박 몇 조각과 소주 한 병을 챙겨드리며 말했다. "와주셔서 감사합니다." 그는 적절한 톤으로 인사를 전하고 사라졌다. "고맙습니다. 흑흑 아버지…."

장례식장 관계자에 따르면 이런 분들은 하루에도 몇 번씩 드나든다고 한다. 주로 노숙하시는 분들이 많다고. 동생은 작고 시크하게 말했다. "아버지라고 소리칠 거면 이병철이 아니라 조병철이라고 썼어야지." 나를 포함한 호철 씨의 손주들은 그 농담에 깔깔 웃었다. 호철 씨가 가는 길에 어떤 예기치 않은 손님이 한 명 더 와주었다는 게 인상 깊은 날이었다.

시루떡 아저씨의 "또 놀러올게요!"라는 말에 나는 "아뇨, 사장님! 놀러오지 마시고 사드시러 오세요!"라고 큐 사인을 외치듯 대답했다. 그게 내가 할 수 있는 가장 적절한 초대였다. 다음번엔 시루떡만으로 해결이 안 될 수도 있다. 어쩌면 골치 아픈 상황이 생길지도 모른다. 그래도 나는 아저씨를 꼭 '손님'으로 초대하고 싶었다. 밥값을 계산하고 정당하게 메뉴를 주문하는 평범한 손님으로. 그걸 그 아저씨가 기억했으면 한다. 여기 개업식

날 직원이 꼭 된장전골을 사먹으러 오라고 했다고. 최소한 차갑게 내쫓거나 귀찮은 듯 째려보지 않았다고.

2부
천하제일 외로움 웅변대회

미혼입니다 그런데 실은…

 새벽 3시에 해장국을 앞에 놓고 남자 넷의 갑론을박이 이어진다. 노원역 먹자골목의 한 야외 테이블에서 취기를 오르게 한 주제는 '휘가 다음 번에 남자를 사귈 때 이혼한 사실을 미리 말해야 할까'였다. 두 명은 내가 굳이 이혼했다고 먼저 말할 필요가 없고 좋아하는 마음이 생기면 그때 말해도 된다고 확신에 찬 말투로 말했다. 세상은 아직 편견을 가진 사람들이 많고, 누가 먼저 물어보지 않는 이상 먼저 여기저기 알려주고 다닐 필요까진 없다는 것이다. 아무래도 내가 누군가와 좋은 감정을 시작하기도 전에 상대방이 나에 대해 안 좋은 고정관념부터 가질 것 같았나 보다. 반대로 나머지 두 명은 도대체 사람이 사람 좋아하는데 이혼한 게 무슨 상관이냐며 발끈했다. 나는 '이혼 사실을 숨겨야 한다는 논리야말로 이혼을 결격 사유라고 생각하는 거 아니냐'라는 떡밥을 던져놓은 후 계속해서 관전을 이어갔다. 몇 번의 팽팽한 자기주장이 오가다가 한 명이 '이런 얘기 자체를 당사자 앞에서 하는 게 언짢다'며 '휘가 불편해할 수도 있다'는 뉘앙스를 풍기며 적당히 짜증을 냈다. 나는 그저 이 모든 백분토론의 과정을 남 얘기인 것처럼 가만히 지켜보고 있었다. "난 그냥 괜히 숨기는 것 같아서 마음이 불편해." 내 코멘트는 이것뿐이었다. 정작 나는 아무렇지도 않은데 왜 지들이 저렇게 난리일까. 아직도 얼떨떨하다. 아무튼 그 순간에 그들이 나를 진심으로 걱정해 준다는 기분이 들었다는 건 확실하다.

이혼하고 처음 새 팀에 들어갔을 때 늘 그렇듯 작가들끼리 모여 첫 회식을 했다. 어디에 사는지, 몇 살인지, 남자친구는 있는지, MBTI가 뭔지와 같은, 물어봐놓고 기억 못 할 질문들을 두번 세번 물어가며 서로를 파악할 때 나는 내가 '갔다 왔다'는 사실을 공표했다. 나중에 들은 얘긴데 내가 평소에 너무 웃으면서 말해서 농담인 줄 알았다는 막내도 있었다. 어떤 말은 너무 믿기지 않아서 농담처럼 느껴질 수도 있다는 건 그때 알았다. 그래도 그렇지. 이런 걸 어떻게 농담으로 말해.

나의 보도 정신은 집 근처 피트니스 센터에서도 어김없이 발휘된다. 어쩌다가 "다들 결혼하셨어요?"라는 질문을 받으면 "혼자 살아요"라는 대답 뒤에 꼭 이혼했다는 사실을 덧붙이는 것이다. 친절도 하다. 그럼 땀에 절어 내 옆에 누워 쉬고 있던 5, 60대 언니들이 매트 위로 벌떡 일어나 내 얼굴을 한 번 더 자세히 본다. "어머, 나는 자기 학생인 줄 알았잖아." "애 없지?" 쉬는 시간은 짧고 우리는 다시 운동을 이어가야 하기에 질의응답은 거의 이 정도에서 가볍게 끝이 난다. 고만고만한 동네에서 같은 필라테스 수업을 받으며 주기적으로 보는 얼굴들이긴 해도 인생에서 몇 번 더 마주칠까 말까 하는 사이일 뿐인데 괜한 얘기를 한 것만 같을 때도 있다. 어쩌면 나의 사적인 이야기를 전혀 몰라도 되는, 알고 싶지도 않았을 낯선 타인들에 불과한데 나는 굳이, 굳이 이혼 딱지를 들고 쫓아가는 것이다. TMI가 있는데 들어보실래요?

왜 나는 관등성명을 하듯 꼭 이혼했다는 사실을 덧붙이지 못해서 안달일까. 이 나이까지 한 번도 결혼을 한 적이 없다고 말하면 어쩐지 무능력해 보이고 매력이 없어 보이고 어딘가 하자가 있는 사람으로 취급받을까 봐서일까. 누군가에게 사랑받고 가정을 꾸린 적이 있었다는 사실을 웅변하듯 말해야 적당한 여성이자 평범한 개인으로서 존립할 수 있다고 느끼는 걸까. 가설부터 어이가 없다. 내가 남들을 그런 기준을 두고 바라보지 않음은 물론이고 그런 수동적이고 폐쇄적인 가치관을 가졌으면 애초에 이혼하지도 않았다. 아니면 이 정도 개인사는 별거 아니라는 듯 쿨하게 설명하는 힙한 사람인 척하고 싶었던 걸까. 나는 무엇을 호소하고 싶어서 이럴까. 무엇을 호소하고 싶긴 한 걸까.

굳이 따지자면 누구는 알고 누구는 모르게 정보의 격차를 두고 싶지 않아서가 가장 컸다. 그리고 정말 단순히 생각해서 여러 번 말하기가 입 아프고 귀찮았기 때문에 그냥 한 번에 모두가 듣는 자리에서 말하는 편이 나았다. 그래서 어차피 모두들 알게 될 거 틈틈이 부지런하게 알렸다. 이제 와서 생각해 보면 나에 대한 부가적 코멘트나 2차적 감상들이 오고 가게 하고 싶지 않았는지도 모르겠다. 그거 들었어? 휘 작가는 이혼했대. 너는 그거 언제 알았어? 너는? 너는? 어땠겠다. 그렇겠지. 그런 일련의 과정들. 나는 내가 '이혼한 사람'으로 소비되기를 원하지 않았기 때문에 이혼했다고 말해야 했다. 어쩌다 회의 시간에 '이혼'이라는 주제가 언급되는 상황이 올 때면 모두가 내 눈치를 보기 전에 내가 먼저 농담으로 회의실 공기를 뚫어버리는 게 속 편했다. 나의 과격한 배려에 정작 동공지진 난 얼굴로 입만 웃고 있는 건 마음씨 착한 동료들이었을 수도 있다. 그래도 그 순간을 그렇게 모두가 웃어넘길 수 있어서 다행이라고 생각했다.

그런데 문득 해장국을 앞에 두고 싸우는 친구들을 보고 있자니 나야말로 나 자신을 '이혼한 사람'으로 소비하고 있는 건 아닐까 싶었다. 이 과정이 무자비하게 반복되다 보면 지치는 쪽은 내 자신이 될 게 뻔했다. 그래서 두려워졌다. 나는 지금

껏 누구를 배려하기 위해 이렇게 신나게 떠벌리고 다녔던 걸까. 아무도 지키지 못한 것만 같다. 이제부터는 나도 내 눈치를 좀 봐야겠다. 얌전히. 내가 나를 이런 방식으로 놀리는 건 아무래도 그만해야겠다.

결혼 유무를 적는 인적사항에는 미혼과 기혼 옆에 빈 네모 모양만 있을 뿐 그 이유를 적어내라는 칸은 없는데, 이혼을 했다고 말하면 부수적인 질문이 많이도 따라온다. 아직도 우리 주변에 '결혼을 왜 했냐'는 질문은 없고 '이혼을 왜 했냐'는 질문과 '결혼을 왜 아직도 안 했냐'는 질문만 있는 걸 보면 대한민국은 아직도 멀었다는 결론에 다다르게 된다. 애인이 없다고 말하면 외롭다고 여기고, 아이를 갖지 않는다고 말하면 진정한 사랑과 행복을 모른다고 말하고, 이혼을 했다고 말하면 귀책이 누구에게 있는지 파헤치려고 하는 이곳에서 어쩌면 그것들은 당연한 질문일지도 모르겠다. 나는 이혼하고 나서 '왜 이혼했느냐'는 질문을 백 번은 족히 들었고 더는 그 질문에 자세히 대답하지 않기로 했다(내가 사랑할 남자가 아니라면). 그리고 되도록 나의 역사에 대해 스스로 함부로 가볍게 이야기하지 않기로 결심했다.

해장국 멤버들은 서운해할지 모르겠지만 나는 그냥 그때그때 내가 하고 싶은 대로 할 것이다. 어쩌면 그 시간에 내가 더 조심해야 할 것은 비혼주의자 혹은 채식주의자들 앞에서 무의식중에 나오는 무례함이나, 어떤 사람이나 계층에 대해 전부 안다고 생각하는 자만, 약자나 소수자에 대한 길고 짧은 잣대나 일반화일지도 모른다(단순히 경계하고 거른다기보다는 나의 생각이 곧 올곧은 방향이길 희망한다). 결국 나는 내가 이혼한 사실을 앞으로도 굳이 숨기지 않을 것이다. 그렇다고 너무 광고하지도 않을 것이다. 아직은 이혼한 지 1년 반밖에 안 된 신입이라 매뉴얼도 모르고 부딪히는 중이지만 그냥 이렇게 살다가 혹도 나고 멍도 들다 보면 능숙하게 덜 다치는 방법을 찾을 것 같다. 앞으로 내 앞에서 이 문제로 다시 언쟁하고 싶은 사람은 그날의 술값을 내면 된다.

엑셀과 브레이크

유비, 관우, 장비.

데이지, 피치, 릴리.

징징이, 뚱이, 스폰지밥.

(모두 좋아하는 순서대로 썼다.)

잘나가는 우정 조합은 셋을 초과하지 않는다. 어려서부터 나도 그런 멋진 삼총사가 될 수 있다면 좋겠다고 생각했다. 매일같이 서로를 참견하고 들들 볶고 삐지고 열받고 울고불고 죽고 못 사는 친구들. 술에 취해 서로의 흑역사를 마음대로 들추고, 괴로울 땐 합심해서 공공의 적을 물리치고, 떡볶이 취향은 잘 맞지만 남자 취향은 제각각이라 검열과 심사도 필요 없고 그래서 각자의 연애 국경을 침범하는 일 따위는 없는 평화로운 조합. 그런 걸 꿈꿨는지도 모르겠다.

그런 로망이나 환상에 가까운 삼각형은 아니지만 나에게도 멋진 친구들이 있다. 할 수만 있다면 피규어로 제작해서 박물관에 전시하고 싶을 정도로 열심히 사는 여자들. 이유경과 염아림이다. 김포에서 가장 치열하게 사는 여자 둘을 꼽으라면 난 그들의 이름을 외칠 것이다. 아이 둘을 키우면서 살림에 맞벌이까지 대차게 해내는, 그런데 그 맞벌이라는 게 평범한 직장이 아닌 방송작가와 자영업이라는 고난도의 직업인, 자랑스러운 김포의 영웅들. 유경은 고등학교 친구고 아림은 작가 일을 하면서 만나 친해졌다. 셋의 접점은 나뿐이라서, 주로 나의 대소사를 기념할 때 남편들까지 함께 모여 밤새도록 놀곤 한다.

우리 셋의 역사적인 첫 만남은 내가 오랫동안 지난한 연애를 하다가 겨우 마음을 먹고 헤어진 후 조촐한 파티를 하기 위해 호프집에 모인 날이었다. 그때 유경은 아림에게 말했다. "나는 애가 뭘 하면 자꾸 브레이크를 걸고 싶어져." 그 말을 듣던 나는 안 피우던 담배에 불을 붙이다 앞머리가 조금 타서인지 그 걱정이 좋아서였는지 술이 단번에 깼다. 정말로 유경은 때때로 한밤중에 맥락 없이 '헤어져', '결혼하지 마' 같은 메시지를 보내곤 했고 나는 그게 사랑이라고 생각했다. 반면 아림은 내가 뭘 하든 '할 수 있다'라고 주문을 걸어주는 신바람 박사 그 자체였다. 문제가 생기면 어김없이 출동해 주는 영웅이었고 내가 잠시도 슬퍼할 틈 없게 웃겨주는 희극인이었다. 결과적으로 그 둘의 절대적인 합의는 나의 결별이었고, 그날 이휘의 엑셀과 브레이크가 탄생했다.

나는 그녀들에게 나의 연애사를 엑스레이 사진처럼 가감 없이 보여줬다. 연애를 쉼 없이 무탈하게 해내는 것 같아도 가끔씩 잔고장이 있었기 때문이다. 그래서 남자를 좋아하고 울고 웃고 헤어지고 만나고 설레고 꼬시는 모든 과정에서 물음표나 쉼표가 생기면 무작정 찾아갔다. 그때마다 유경과 아림은 나를 어루만지고 쓰다듬어 주었다. 똑똑하고 섬세해서 내가 말을 안 한 부분까지도 다 알아채 주었다.

우리 셋은 모두 결혼을 했다. 그리고 서로의 결

혼식에 모두 지각하거나 불참했다. 결혼사진을 다시 보진 않지만 신부 대기실에서 나 없이 유경과 아림이 나란히 찍은 사진이 나는 너무나 좋다. 시간이 지나서 나는 다시 1인 가구가 되고 유경과 아림은 각자 딸과 아들이 한 명씩 있는 4인 가정이 되었다. 모두가 행복하고 단란한 가정을 지켜냈다면 좋았겠지만 나는 뉴스에서나 보는 '3명 중 1명은 이혼'의 통계를 이겨내지 못했다. 가끔은 국가의 부흥에 기여하지 못하는 투 플러스 원 행사 상품의 '원'이 된 기분도 든다. 두 개를 사면 하나를 더 줍니다. 한 개 더 가져오세요. 잘 정돈된 두 애국자들 옆에 내가 덤으로 앉아 있는 것만 같다.

언젠가 마트에서 장을 볼 때, 격정적으로 서로 싸우고 챙기고 공격하고 통제하며 장을 보는 젊은 부부를 본 적이 있다. 그 순간 내가 혼자라서 다행이라는 안도감보다 '아마 앞으로 나에게 저런 행복은 없겠구나'라는 생각이 먼저 들었다. 그게 썩 슬프지도 좋지도 않았다. 물론 매일을 전쟁처럼 사는 친구들이라도 결혼도 하고 아기도 낳아서 행복하게 사는 모습을 볼 때면 가끔 부럽기도 하다.

나에겐 없는 소란스러움이라서. 그러나 나 역시 저들에게는 없는 또 다른 행복의 결을 분명 갖고 있다. 나만이 겪는 세계의 행복의 범위와 깊이는 나만이 알 것이다. 나는 그들보다 가족신문의 주인공이 조금 적을 뿐, 사회적으로 제약을 덜 느끼고 더 많은 기회를 누리기도 한다. 유경과 아림 역시 그런 내 모습이 멋있고 대단하다고 응원해 준다. 나는 그래서 더 근사하고 열심히 살자고 자주 다짐한다. 그들의 자유를 내가 빌려 쓴다고 생각하고.

나에게 유경과 아림은 친구 그 이상이다. 그들은 나의 크고 작은 패배들을 모두 지켜봐 왔다(생각해 보면 스물다섯 살부터 나는 유경의 남편 준호에게 나의 모든 남자친구들을 다 보여줬다. 이 사실을 문득 깨달았을 때 하나도 안 창피하고 오히려 안심이 된다는 게 참 좋았다). 그리고 조금 모자랄 때의 내 모습도 상냥하게 보살펴 줬다. 빗맞은 총알들과 불안정한 에임에도 인생은 즐겜이라며 그럴 수도 있다고 위로하고, 실수를 저질러도 스스로 바로잡을 것이라 믿고 지켜봐 준다. 넘어진 아기가 울지 않도록 괜찮다는 말을 해주는 것처럼. 그래서 그들이 훌륭한 엄마일 것이다. 나는 그럼 보란 듯이 무릎을 털고 꼿꼿하게 일어난다.

  인생도 양발 운전이 안 된다는 걸 요즘 깨닫는다. 생각해 보면 나는 꼭 한 발로 하나의 페달만을 밟을 수 있었다. 요즘은 언제나 신중했던 유경이 내가 하고 싶은 대로 하게 놔두고, 긍정밖에 모르던 아림이 나에게 싹둑 싹둑 브레이크를 걸어준다(그들은 그 기점이 나의 이혼인 것 같다고 말한다). 붕 붕 끽 붕 끽 붕. 내 연애 인생은 가다 서다를 반복하며 덜컹거렸지만 무슨 일이 일어날 때마다 기꺼이 지혜를 기부해 주는 친구들이 있어서 결국 완급 조절을 할 수 있게 됐다. 덕분에 어떤 것들은 내 과실이 아니라는 것도 받아들이게 됐다. 나는 조금 더 신중해지기로 했고, 더는 쿵쿵 박아대며 사고 치지 않는다. 이렇게 값진 엑셀과 브레이크가 있어서 내 인생은 정말 다행이다. 서로에게 서로가 있는 한, 우리는 안전운전 중이다.

이혼했으니 박수 쳐

"술 마시러 왔나요?"

교토의 작은 술집 앞이었고 내 앞에는 양복을 입은 일본의 대머리 아저씨가 서 있었다. 애초에 항공권과 숙소와 대형 서점 외에는 아무것도 찾지 않았다. 평소에도 굳이 맛집 같은 건 찾을 생각을 안 하는 성격이라 구글맵스로 근방의 아무 술집을, 그래도 그중에 평점이 좋고 분위기가 좋아 보이는 곳을 골라 찾아갔다. 관광객이 거의 없고 한적한 곳, 현지인이 즐겨 가는 곳이라면 어디든 좋았다.

"네. 한잔하러 왔습니다."

쭉 돌아서 옆문으로 들어오라는 사장님의 안내로 들어간 술집은 8, 9평 남짓 되어 보였다. 바 형태로 앉을 수 있고, 따뜻한 요리는 물론이고 사장님의 눈주름까지 보이는 코앞에서 요리하는 모습을 덤으로 관람할 수 있는 작고 아기자기한 곳. 찬장에는 종류별 크기별 알록달록한 그릇과 잔이 사이좋게 포개어져 있고, 또 한쪽에는 여러 나라의 지폐들이 팁처럼 붙어 있어서 이곳에 오는 손님들이 나름 얼마나 글로벌한지도 알 수 있었다.

눈웃음이 귀여운 깜찍한 인상의 사장님이 나를 반겼다. 분명 술 생각이 없었는데 분위기가, 그놈의 분위기가 또 나마비루를 주문하게 했다. 메뉴판도 없다. 자리에 앉으면 그냥 사장님이 알아서 안주를 만들어주는 시스템이었다. '이모카세' 스타일. 절인 멸치와 파를 소스에 버무린 무침과 가리비, 팽이버섯절임이 기본 세팅으로 나왔다. 그게 뭐든 마음에 쏙 든다.

평일 저녁이라 그런지 직장인으로 보이는 손님들이 많았다. 나의 오른쪽으로는 다섯 명의 아저씨들이 ㄱ자로 다닥다닥 붙어 앉아 있었는데, 그중 네 명은 정장 차림이었다. 서로 사이좋게 얘기하는 모습이 꽤 즐거워 보였다. 모두 친한 사이인지 물었더니, 전부 각자 왔다는 의외의 대답이 돌아왔다. 일본 드라마에서나 보던 심야 술집의 바이브다. 처음 보는 사람들끼리 자신이 어떤 일을 하고, 요즘 관심사는 뭔지 자연스럽게 얘기하는 모습이 참 보기 좋았다. 혼자 온 관광객인 나에게 아저씨들이 관심과 대화를 건네기 시작할 때쯤 대머리 아저씨는 먼저 일어났다. 모두가 아저씨에게 잘 자라고 인사했다. 요리는 무, 곤약, 삶은 달걀을 넣은 어묵탕과 사시미, 생선찜 순서로 나왔다. 사시미는 통통하고 야들야들하고 탕과 찜은 따뜻하고 뭉근해서 왔다 갔다 순서대로 먹기 좋았다.

"우리는 세일즈맨이 아니라 이케맨입니다."

본인들이 이케맨(꽃미남)이라고 주장하는 아재 듀오가 "우리가 너무 성가시진 않아?"라며, 짜증 나고 성가시다는 의미로 주로 쓰이는 단어 '멘도쿠사이'를 가르쳐줬다. 본인 같은 사람들을 만나면 쓰는 말이라면서. 어학사전 앱을 뒤적이는 나를 두고 "그런데 우리가 이런 단어 가르쳐줘도 되는 걸까?"라고 쑥덕이는 모습은 만국 공통 영락없는 아저씨였다. 아재 듀오는 술 좀 마실 줄 아냐면서 나에게 따뜻한 소주를 한잔 사주었다. 마침 최근에 공부한 표현이 '어제 마신 술이 안 깨(키노오노 사케가 누케나이)'라는 문장이어서 야심작처럼 선보였더니 반응이 좋았다. 한 아저씨는 자신도 20년 전에 명동에서 한국의 남자 어른들이 술을 한 잔 사준 적이 있는데 그게 참 좋은 기억이라고 덧붙였다. "그때면 아마 (네가) 태어나기 전이지?"라는 농담을 해가며. 나는 지갑에 한 장 남은 명함을 이케맨 아재에게 줬다. 한국에서 동안이라는 칭찬을 들으면 기분이 좋아서 돈을 뿌린다고 덧붙이면서.

교토에는 서점을 가기 위해 왔다고 말했다. 쉬는 기간 동안 짧은 여행을 하고 싶기도 했지만 책 출간을 앞둔 작가로서 시장조사를 하겠다는 명목이었다. 책 표지 디자인은 어떻게 하는 게 좋을지, 일본어로 번역된 한국어 책들은 어떤 모습인지, 한국의 서점들과는 또 어떻게 다를지가 궁금했다. 책을 테마로 한 여행. 모든 동선과 숙소는 대형 서점 위주로 정했다. 한 분이 자신도 출판사에서 일한 적이 있다며 갈 만한 서점들을 추천해 주었다. 만화책을 사러 온 거냐는 질문에 사실은 책 출간을 앞두고 있다고 했더니 질문이 쏟아졌다. 모두들 내가 어떤 책을 썼는지 궁금해했다. 나는 몇 년 전 이혼을 했는데 그때의 마음을 담아낸 글들이 인터넷에서 인기가 있었고, 출판사에서 연락이 와서 출간을 하게 되었다고 설명했다. "자기 자신의 다큐멘터리!"라고 호응해 준다. 그때 가만히 듣고 있던 사장님이 물었다.

"이혼한 건 잘된 일이지?"

"네. 저한테는 결국 잘된 일이죠."

"아니, 이혼은 너뿐만 아니라 우리 모두에게 행복하고 다행인 일이지! 고생했어. 다들 박수 쳐!"

사장님의 카리스마에 그 순간 일제히 모두가 나에게 박수를 보냈다. 나는 교토의 한 작은 술집에서 이혼했다는 이유로 처음 본 일본인들로부터 박수를 받고 있다. 시상식에서 내 이름이 호명된 기분이다. 모두가 웃으며 축하와 격려를 해주고 나는 번쩍거리는 트로피 대신 금빛 생맥주 잔을 들고 감사하다고 소감을 말하며 고개를 꾸벅거린다. 제대로 응원받았다. 힘이 났다. 그 어려운 걸 해냈다는 이유로 타국에서까지 칭찬을 받았다. '또 올게요, 이모.'

여행은 그런 힘이 있다. 남의 동네를 찾아간 낯선 이라는 이유로 친절 프리패스권 같은 걸 얻는다. 특별히 대가를 지불하지 않아도 대부분 뭘 해도 양보와 배려를 받는다. 그건 아마 우리가 다시는 안 볼 사이가 아니라 오랫동안 기억될 사이라서일지도 모르겠다. 그날 사투리가 귀여운 사장님과 단골손님들의 짓궂은 농담에도 넉살 좋게 대답할 줄 아는 듬직한 직원, 이탈리아 레스토랑을 운영한다는 내 옆자리의 켄은 모두 나에게 상냥했다. 내가 어려워하면 어떻게든 쉬운 단어로 말해주려고 노력하고, 멸치와 파를 남기면 "채소를 잘 먹어야지!"라고 잔소리를 했다. 누군가 인생 상담을 하면 "중요한 건 돈이 아니라 하-또(마음)"라고 소리쳐 준다. 우린 그날 하나의 멋진 그룹이었다.

각자 서로 좋아하는 한국 드라마와 일본 애니메이션 작품을 손꼽았다가, 일찍이 맞벌이를 하시던 부모님 때문에 어렸을 때부터 요리를 했다는 켄의 얘기와, 사업을 하면서 소소한 행복과 감사함을 느낀다는 사장님의 소회까지 모두 들은 후에야 나는 자리에서 일어났다. 3박 4일 일정의 첫

단추를 잘 채웠다. 계산을 하고 나가려는데 사장님이 디즈니 100주년 기념 달력을 선물로 준다. 캘린더에서 좋은 향기가 난다. 어쩜 이곳은 이렇게 좋은 향기와 온기로 가득한 걸까. 어두운 밤 숙소까지 혼자 걷는데 밤공기가 적당히 시원해서 그게 또 내내 좋았다. 2년 전의 나는 이혼했다는 이유로 이렇게 멋진 박수를 받을 줄 알았을까. 응원인지 축하인지 대견함인지 '그럴 수도 있지'라는 묵묵한 대답인지 모를 그 손뼉 소리가 여전히 기억에 남아 있다. 이제 다음에 꼭 다시 찾아가서 사장님에게 내가 박수를 쳐드릴 일만 남았다. 2025년의 한국 달력을 사 들고.

중요한 건 돈이 아니라 하~또.

나를 보러 올 얼굴들

상기 환자 간 종괴로 내원하였으며, LC, PIVKA 15807 상승, CT 소견 등을 종합하여 간암으로 진단되었습니다. 환자, 고령임 등을 고려하여 색전술 등 간암 치료는 원치 않으며, 요양병원 이동하여 지내시길 원하여 이에 진단서 작성해 드립니다. 감사합니다.

나는 명례 씨의 다리를 연신 쓸어내렸다. 손을 만지고, 머리를 쓰다듬었다. 하얗고 부들부들한 머리카락이 내 손에 닿는 감촉을 잊어버리지 않으려고 애썼다. 그리고 오랫동안 집중해서 바라보았다. 지금이 아니면 할머니의 얼굴을 외울 시간이 없는 슬픈 손녀처럼. 명례 씨는 접혀 있던 나의 옷소매를 다시 펴주며 바람이 많이 분다고 걱정했다. 평소 추위를 많이 타지만 그날은 전혀 춥지 않았다.

나 역시 명례 씨의 소매 안쪽을 확인한다. 얇은 내복까지 세 겹을 입고 있다. 마지막으로 언제 갈아입은 내복일까. 요양원 사람들은 명례 씨를 정말로 식구처럼 대해줄까. 그런 걱정을 하며 소매를 다시 닫았다.

명례 씨는 간암을 진단받았다. 작년 6월 호철 씨가 먼저 세상을 떠나고 치매 증상이 더 심해졌다. 안구에 넣는 안약을 맛있게 먹어버린다거나, 외출을 했다가 길을 잃어 경비원 아저씨의 도움으로 겨우 찾게 된다거나, 비밀번호를 잊어버려서 집에 들어오지 못하는 상황들이 지속되어 요양원에 가시게 된 지가 1년이 채 안 됐다. 치료를 받는 것 자체가 환자 컨디션상 무리라는 게 결론이었다. 명례 씨는 당신이 낳고 기르며 사랑한 모든 자녀들의 동의를 받아 요양병원으로 옮겨 지내시게 됐다. 진단서를 받으려면 환자 본인이 동행해야 한다는 이유로 명례 씨를 모시고 셋째 딸, 손자, 손녀가 함께 큰 병원에 왔다. 휠체어는 셋 중에 힘이 가장 센 손자가 맡았다.

지난번 CT 촬영 때보다는 다리 붓기가 많이

가라앉아서 다행이었다. 진단서와 처방전을 발급받고 시간이 남아 점심을 먹기로 했다. 한창 붐비는 시간인 데다 휠체어까지 있어서 병원 내부의 푸드코트를 가려고 했는데, 메뉴부터 분위기까지 하나도 마음에 드는 게 없어서 근방에 명례 씨가 자주 가던 갈빗집에 갔다. 우리는 입구에서 가장 가까운 테이블로 안내받았다. 나와 동생이 팔을 한 쪽씩 부축했다. 명례 씨는 생각보다 씩씩하게 잘 걸었다. 그 모습이 너무 기특해서 웃음이 났다. 조금 느린 걸음을 기다리느라 엘리베이터 문은 꽤 오래 열려 있었다. 명례 씨의 첫걸음마도 이런 모습이었을까.

컨디션이 좋은 명례 씨를 위해 최선을 다해 갈비를 구웠다. 조금만 더 많이 잡수었으면, 하는 아쉬움도 있었지만 걱정했던 것보다는 잘 드셔서 고기 구울 맛이 났다. 가장 잘 구워진 갈비 한 점을 가장 먼저 명례 씨의 접시에 둔다. 명례 씨가 나에게 해준 수없이 많은 끼니들에 비하면 이 정도의 정성은 초라하다. 20년 전쯤에 명례 씨가 그런 말을 한 적이 있다. "휘는 고봉밥을 줘도 한 그릇을 다 비우고, 설렁설렁 담아줘도 꼭 한 그릇만 먹고 수저를 놓는다." 명례 씨가 담아주는 밥이면 그 양이 많든 적든 곧 정량이었고 나는 꼭 그만큼만을 알맞게 비웠다. 명례 씨도 손녀딸이 복스럽게 먹고 난 빈 밥그릇을 치우며 오늘의 나처럼 이렇게 뿌듯해했을까.

명례 씨를 잘 보내드려야 하는 때가 오고 있다는 생각은, 언젠가 있을 엄마와의 이별로도 이어진다. 그럼 나는 그런 괴로운 것들을 닫아두고 모른 척한다. 내가 가늠할 수도 없는 거대한 규모의 슬픔의 댐을 꽉 틀어막는다. 아마 그 댐이 단단하게 버텨주는 동안에는 내가 엄마를 사랑하는 모든 감정들이 그 안에서 숙성되고 있을 것이다. 나는 우리를 버티게 해주는 모든 것들의 바탕에는 사랑이 있다는 걸 안다. 그 사랑으로 간절히 빈다. 엄마 심장이 근면성실하게 뛰어서 나랑 더 오래 살았으면 좋겠다. 몸 안의 모든 세포와 기운이 한없이 맑아서 아프지도 괴롭지도 않은 친절하고 무난한 하루들만 있었으면 좋겠다. 조바심이 나거나 걱정스러운 생각이 들 때면 별일 아니라고 위로해

줄 딸과 아들을 생각하며 차분하게 웃었으면 좋겠다. 매일 서로 먼 거리에 있어도 방금 포옹하고 난 것처럼 온기만 느꼈으면 좋겠다. 이런 저런 생각을 하다 보니 더 이상 구울 고기가 없다. 식사는 끝났고 이제 슬슬 돌아갈 시간이다.

로터리를 진입할 때쯤 명례 씨는 돌아가기 싫다며 울었다. 요양원에 가까워질수록 고개를 절레절레 저으며. 나쁜 인간들이 이렇게 저렇게 꼬집는다면서, 어눌해진 말투로 성심성의껏 하소연을 이어갔다. 세상의 간호조무사님들이 다 우리 엄마 같다면 얼마나 좋을까. 모두 공평하고 소중하게 대해준다면 얼마나 좋을까. 아주 그냥 징글징글하다고 눈을 질끈 감으며 아이처럼 우는 명례 씨를 나는 우리 집으로 데려가고만 싶었다. 엘리베이터도 있고 침대도 있는 손녀의 집에. 쌀을 씻고 고깃국을 잔뜩 끓여 맛있는 김치를 듬뿍 담아 한 상을 대접하고 싶었다. 그것도 아니면 꽃이 핀 공원에 앉아 봄바람을 잠깐이라도 쐬고 싶었다. 그러나 우리는 이틀 뒤에 오겠다는, 두 밤만 자고 기다리라는 아픈 약속을 하며 명례 씨를 다시 그 요양원에 올려 보냈다. 주차장에서 엄마는 이면지에 매직펜으로 '두 밤 자면 영우가 와요'라고 크게 써서 또박또박 읽었다. 손가락을 보여주며 '두 밤!', '두 밤 자면 와!' 하는 엄마를 보며 나는 속으로 몰래 울었다. 그리고 애간장이 바싹 타서 밤에 자기 전에 조금 더 울었다. 명례 씨를 번쩍 들어 안으려면 근력 운동을 훨씬 더 많이 해야겠다는 이상한 다짐을 하며 잠을 청했다. 그런데……

"내가 늙으면 면회는 누가 오지?"

느닷없이 잠이 달아난 건 이 엄청난 깨달음 때문이었다. 지금이야 찾아오는 사람들도 많고, 매일같이 서로를 다독이면서 삶의 이유와 원동력과 초심을 확인시켜 주는 친구들이 얼마든지 있다. 그런데 내가 쭈글쭈글 나이 들어 요양병원에 가면 과연 누가 나를 보러 오고, 다리를 주무르고, 갈비를 구워주지? 주름진 나를 누가 궁금해하고 구경하고 싶어 하는데? 그런 생각들이 덜컥 나를 흔들어 깨우는 것이다.

유경은 내 질문에 '내가 가주고 싶은데 내가 먼저 뒤질 듯'이라는 무서운 농담을 눈도 깜짝 안 하고 내뱉었다. 마치 가는 데에 순번을 정할 수 있다는 듯이. 그리고 미래를 보고 온 사람처럼 덧붙였다. "나는 네가 너의 아이를 낳을 모습이 보여." 확신에 찬 예언에 나는 기함했다. 과연 나는 자녀를 낳고 그 자녀도 자신의 자녀를 낳을까. 그런 예기치 못한 축복과 기적의 순간 같은 게 나에게도 올까. 얼마 전 엄마와 이모가 '언제쯤 손주가 사주는 밥을 먹게 될까'를 진지하게 논했다고 했을 때 나는 내가 지금 당장 잉태해도 앞으로 20년은 족히 걸린다는 계산에 이르렀고 순간 소름이 돋아 아무 말도 할 수가 없었다.

　나도 한때는 평일 낮에 카페에서 수다 떠는 삶을 살고 싶다고 생각했다. 오전에 남편을 출근시키고 아이를 등교시킨 후 절친한 동네 엄마들끼리 사는 얘기를 하면서, 이웃끼리 서로 칭찬과 자랑과 세상 얘기를 신나게 하고 오후에 집에 들어와 저녁을 준비하는 삶. 그렇게 현모양처를 동경하는 척을 열심히도 했었다. 그건 평일 낮에 찌든 모습으로 노트북을 열어 자료를 정리하는 내가 그 카페에서 부러워할 수 있는 유일한 풍경이었다. 목운초등학교 앞 횡단보도에서 하교하는 아이를 향해 세상 예쁜 웃음을 지어 보이는 어느 엄마의 미소를 나는 아직도 잊을 수가 없다. 나에게는 없었던 우아한 안락함. "잘 다녀왔어?" 묻는 포근한 목소리. 그날로부터 10여 년이 지난 후의 나는 여전히 홀로 땅을 밟고 서 있다. 목운초등학교 앞 횡단보도의 신호가 수만 번씩 바뀌는 동안에도. 섣부른 판단일 수 있지만 지금의 나로서는 나의 실버타운 면회 시간을 기대하게 하는 얼굴들이 별로 없는 것만 같다. 사랑하는 사람들을 그때도 만날 수 있을까. 아직은 흐릿하다. 결국 그들도 다 늙어버려서 각자 온라인으로 안부를 물어야 할지도 모른다. 실버타운 펑크 세대를 꿈꾸며.

친구들끼리 그런 말들을 자주 했던 것 같다. "집을 하나 지어서 층별로 나눠 살자, 옆집에 붙어 살면서 같이 고구마나 삶아 먹자." 같은 귀여운 약속들. 어쩌면 그런 소원들은 다 이루어지게 예정되어 있는지도 모른다. 서울 어딘가에 있다는 고급스러운 실버타운 안에서. 몇년 전에 난자를 얼려뒀다며 "내 애는 차병원에 있어"라고 씩씩하게 말하던 친구도 "나는 그냥 조카한테 내 사랑과 돈을 다 줄 거야"라며 결혼이 남의 얘기인 듯 말하는 친구도 모두 그곳에서 만나게 될까. 비싸고 좋은 실버타운에 가야 하는 이유는 시설이나 프로그램, 서비스의 문제가 아니라 좋은 말벗을 사귀기 위함이라는 말을 듣고 나는 적잖이 놀랐다. 그날이 오면 우리는 어디에서 어떤 친구들과 어떤 농담을 나누게 될까. 물론 아무런 농담도 나누지 못할 수도 있다. 명례 씨는 지금 어떤 농담을 좋아할까.

삶은 일종의 순환이라더니 모두가 아기로 태어나 각자의 삶을 충실히 살다가 결국은 다시 아기의 모습으로 돌아간다. 연약하게 태어나 싱그럽게 커서, 단단하고 강해졌다가 이내 쇠약해진다. 명례 씨도 아이가 되었다. 외출을 해야 할 때는 훨씬 더 힘이 세고 젊은 누군가의 도움을 받으며 바퀴 달린 것을 타고 이동한다. 소화하기 쉬운 음식들을 먹고, 걸음을 걸을 땐 넘어지지 않게 조심한다. 알록달록한 그림을 그리고, 탁구공 놀이를 한다. 목욕은 정해진 시간에 하고, 기저귀를 입은 채 깨끗한 침대에서 잠이 든다. 노인과 아이가 다른 점은 어느 노인도 막 태어났을 때만큼은 사랑받지 못한다는 점 같다. 요양시설에서 모르는 얼굴들의 보살핌을 받는 노인들에게, 정작 당신들이 기꺼이 삶을 바쳐 사랑했던 얼굴들은 생각보다 멀리 있다는 걸 나는 명례 씨를 보고 알게 되었다. 슬프게도. 명례 씨의 자식들 가운데 오직 우리 엄마만이 가장 정성스럽게 명례 씨를 돌본다. 그런 걸 생각하면 아무리 자식이 많아도 그게 노년의 행복에 정확히 비례한다고는 할 수 없을 것 같다. 어쩌면 내가 나의 미래에 외롭지 않기 위해 특별히, 그리고 반드시 준비해야 할 것은 뚜렷한 가치관과 몸과 마음의 건강과 넉넉한 금전이 아닐까. 그래서 나는 나의 걱정 이전에 먼저, 명례 씨의 걱정을 하고 그다음으로 영미 씨를 걱정하기로 했다. 아직은 그래도 된다는 생각이 든다.

혹시 혼잣말 잘하시는 분

"여름옷은 주말에 꺼낼게."

"콩밥을 해 먹을까?"

"직접 만든 두유~ 두유~!"

"(더 이상 미뤘다가는 안 될 시점까지 버티다가 끝끝내 운동복을 챙겨 입으며) 어유 그래. 가자. 가."

분명 우리 집에는 나 혼자 산다. 그래도 가끔 말소리가 들린다. 흥얼거리기도 하고 놀라기도 하고 웃기도 하고 푸념하기도 한다. 나를 찍는 카메라가 있는 것도 아니고 그걸 지켜보는 시청자와 패널이 있는 것도 아닌데, 가끔 보면 친절도 하다. 빨래해야지, 물을 줍시다, 청소는 내일 할까, 이건 어떻게 뜯는 거지, 전부 내가 말하고 내가 듣는다.

나는 혼잣말을 정말로 좋아한다. 자주 하는 건 아니지만 이따금씩 흐름을 탈 때가 있다. 그럴 땐 흥이 나서 괜히 더 소리 내서 말한다. 주로 반찬을 만들 거나 특별히 맛있는 걸 해먹을 때, 운동을 가기 싫은데 가야 할 때, 뭔가를 그만해야 할 때, 반대로 뭔가를 굳이 해내야 할 때 곧잘 떠든다. 그건 내 스스로에게 하는 잔소리이자 추임새다. 아무도 나에게 시키지 않으니 내가 나한테 시켜야만 한다. 혼자 있어도 퍼져 있지 않게 하는 주문이고, 방송 일을 하지 않는 기간에도 나태해지거나 도태되지 않으려고 쓰는 채찍이다. 일어나, 돈 벌어야지. 그래, 이제 씻자. 그리고 의외로 나는 내 말을 잘 들어준다. 고맙고 대견하게도.

혼자 살아서 좋은 점이 별로 없다고 생각했는데 밥 메뉴를 정하고 음식의 간을 맞출 때 내 입맛만 신경 써도 된다는 점과 혼잣말을 할 때 어느 누구의 눈치를 보지 않아도 된다는 건 정말 좋다. 나는 대본을 쓸 때 기분이 좋으면 판소리 고수처럼 감탄과 칭찬을 아끼지 않고, 목차를 정리할 때는 브리트니 스피어스의 히트곡들을 틀어놓고 따라 부르기도 한다. 평소에 챙겨듣지도 않는 발라드 노래를 샤워하면서 흥얼거릴 때면 그루브가 거의 보컬 서바이벌 세미파이널에 진출한 TOP 5가 된 것처럼 열중한다. 특히 한 달에 한 번 금전수에 물을 줄 때 더 말이 많아지는데, 나는 누군가가 이런 내 모습을 영원히 몰라도 좋겠다고 생각한다. 식물도 말과 기운을 알아챈다고 하기에 처음에는 "물 줄게. 시원하지. 온도 괜찮아? 무럭무럭 자라세요"라고 다정하게 굴어왔는데 올 초에 새로 뻗어 나온 두 개의 줄기에서 잎이 무성하게 돋아나면서부터는 극존칭을 쓰는 것이다. "선생님들, 식사하실 시간입니다. 요즘 햇볕이 좋습니다. 건강하게 자라주세요." 어떨 땐 아저씨처럼 흥얼거린다. "물이~ 왔습니다~ 물이~ 왔어요~" 이러는 내가 진짜 웃기고 싫다. 그래도 정성을 다해 가꿔서인지 우리 집 금전수는 잎에서 윤이 번쩍번쩍 난다.

　어렸을 때에는 거울을 보고 혼자 연기 연습을 한다거나 수상소감을 하면서 무료한 하루를 보내곤 했다. 아직도 기억이 난다. 다 먹고 난 쭈쭈바 비닐에 물을 가득 채우고서는 거울 앞에 서서 불특정 다수를 대상으로 판촉 멘트를 하던 내 모습을. "안녕하세요, 여러분. 여기 이 물을 보시면요,

정말 투명하고요, 맛있습니다. 얼른 사 가세요." 최대한 친절하게 웃는 표정을 짓는다. "가격은 200원입니다." 지금의 홈쇼핑 호스트처럼 열심히도 설명한다. 그러다 어느 날은 엄마가 부엌에 기척 없이 불쑥 나왔는데 그 순간 너무 놀라서 쭈쭈바를 꽉 움켜쥐는 바람에 물줄기가 밖으로 쭉 솟아올라 왔다. 엄마 앞인데도 상당히 창피했다. 그 뒤로 나의 비밀스러운 물 영업은 끝이 났다. 아마 금방 또 다른 역할을 찾았을 테지만. 꽤 오랜 시간 외동으로 컸던 나는 의외로 혼자서도 충분히 즐거웠던 것 같다.

그런데 머리가 좀 굵어지니 학교에서 혼잣말하는 친구가 있으면 괜히 멀찌감치 떨어져서 수군대고 선을 그었다. 쟤 누구한테 말하는 거야? 몰라, 친구 없나 봐. 학교 폭력 수준의 따돌림은 없었어도 '왜 저래'라는 시선은 분명 있었던 것 같다. 곁에 괜히 가까이 가서 귀 기울여 듣고 와서 비웃는 친구들도 있었다. 들어줄 상대가 없는 말을 하는 사람은 외롭거나, 친구가 없거나, 이상하거나, 정신에 문제가 있다고 느꼈던 어린 시절. 친구의 혼잣말보다 그걸 비난하는 친구들끼리 함께 나누는 말이 훨씬 더 잘못되었다는 걸 그 당시에는 아무도 모르는 것처럼 행동했다. 나는 혼잣말하는 친구들에게 말을 거는 친절은 있었지만 그들을 타자화하고 놀려대는 아이들을 비난하거나 훈계할 용기까진 없었다. 사실 한편으로는 나도 그런 친구들을 '우리'와 '다르다'고 여겼다는 죄책감을 회복하려고 친절한 척 말을 걸었는지도 모르겠다.

누군가가 들으라고 하는 혼잣말과 아무에게도 들려주고 싶지 않은 혼잣말이 다르다는 건 사회생활을 하면서 자연스럽게 알게 됐다. 직설적으로 말하기 어려워하는 상사들이 돌려 말하기 위해 중얼거릴 땐 센스 있게 적당히 알아들어 줘야 하고, 불만만 있고 의지가 없는 후배들의 한탄은 못 들은 척을 해줘야 한다. 나는 그런 걸 알아듣고 눈치채는 내가 가끔 싫다. 그래서 적당히 못 들은 척한다. 반대로 누군가 들어줬으면, 하고 말하는데 정작 아무도 대답하지 않아서 혼잣말이 되는 경우도 많다. 나 누구랑 얘기하니. 자기야, 듣고 있어? 대화라고 정의할 수 없는 일방적인 음성.

생각보다 많은 사람들이 혼자서도 열심히 말하고 있다. 그래서일까. 나랑 정말로 똑같이 혼잣말하는 사람을 보게 되면 그렇게 위로와 위안이 될 수가 없다. 작년 어느 날이었다. 유경의 집에 놀러 가서 늘 그렇듯 신나게 술을 먹고 거실 소파에서 잠이 들었는데, 다음날 아침 준호가 나가는 길에 태워주겠다고 해서 그를 기다리고 있던 때였다. 그런데 나갈 준비를 하려는 준호가 꼭 나처럼 중얼거리는 것이다.

"12시… 12시 반… 1시… 2시…."

나는 그 순간 저 혼잣말이 뭘 의미하는지 정확하게 알고 박장대소했다. 2시까지 상암동에 가기 위해 시간 계획을 세우고 있는 것이다. 해석하자면 '지금이 12시니까 샤워하고 준비하면 12시 반, 휘를 태워서 중간에 내려주면 1시, 그럼 2시까지는 무사히 도착할 수 있겠다'라는 의미다. 나는 신이 나서 저 문장을 통역하며 떠들었고 준호도 당연하다는 듯 웃으며 맞장구쳤지만 유경만큼은 공감하지 못하는 듯했다. "그러니까 저걸 거꾸로 세기도 해! 2시에 약속이라고 치면 2시… 1시

반… 1시… 12시 반… 12시… 이렇게. 그래야 적어도 12시에는 샤워를 해야 한다는 각을 세울 수 있지." "아니, 그걸 왜 세? 그냥 갈 때 되면 가면 되지." "글쎄… 우린 ENFJ니까?" 나는 그렇게밖에 대답할 수 없었다. 그렇지만 아주 끈끈한 유대감을 느꼈다. 그리고 안심했다. 나만 이러는 게 아니라는 생각이 들어서. 다들 이러고 사는구나. 똑같구나. 안심이 됐다.

아이들에게는 뇌 발달에 좋고 시험기간에는 기억력에 좋고 운동선수들에게는 집중력과 루틴을 다스리는 데에 좋은 혼잣말은 나에게는 일종의 다짐이고 약속이다. 나는 말의 힘을 믿기 때문에 지킬 수 있는 말만 하고 되도록 해낼 수 있는 것만 약속하려고 노력하는데, 그래서 혼잣말을 할 때도 굉장히 조심스럽다. 거짓말이나 남을 탓하는 말, 힘들거나 부정적인 말은 되도록 안 하려고 애를 쓴다. 누가 들어줄지 모르는 그 말들을 가장 먼저 듣고 기억하는 사람이 나이기 때문이고, 말은 곧 나이기 때문이다. 내 입으로 말하는 것들은 왠지 다 이루어질 것만 같다. 그래서 정말 간절하게 원하는 게 있으면 소리 내서 말하기도 하는데, 꼭 주어와 목적어를 또박또박 말한다. "돈 많이 벌게 해주세요"가 아니라 "몸과 정신 모두 멀쩡하고 행복하게 글 쓰면서 세금 다 떼고 저 혼자 연봉 2억 정도는 벌게 해주세요"라고 비는 식이다. 소원도 잘못 코딩되면 엉뚱한 결말이 나올 수도 있으니까. 챗GPT에 질문하듯 꼼꼼하게.

코로나 때문에 실내 마스크 착용이 의무화되었을 때 상당수의 직장인들이 몰래 입모양으로 욕을 할 수 있어서 만족을 느꼈던 것처럼, 나는 혼잣말이 알고 보면 우리 삶 안에 굉장히 깊숙이 침투해 있다고 믿는다. 그냥 지나치는 것 같아도 막상 마음먹고 세어 보면 우리는 하루 종일 꽤 많은 말들을 하니까. "여기가 아닌가…?" 하는 자문부터 "어떡해!", "엄마 깜짝이야!" 같은 감탄사, 자기반성, 개탄, 웃음, 무의식적 언어들까지. 나는 그래서 혼잣말도, 혼잣말을 하는 나도 창피하지가 않다. 물론 〈트루먼 쇼〉처럼 세상이 내 모습을 보고 있다고 생각하면 발버둥을 치거나 혀를 깨물고 싶지만 결국 다들 비슷하게 살고 있지 않을까. "가만있어

보자~ 리모컨이 어디 있나~"의 음정을 모르는 사람도 있나. 출근하기 싫어서 침대에서 절규해 보지 않은 사람도 있을까. 혼잣말이야말로 온전히 혼자라서 할 수 있는 찬스 카드인데.

앞으로도 필요할 때마다 나를 다잡기 위해 열심히 소리 내어 다짐하기로 했다. 운동 가자! 그만 먹자! 술 끊자! 내일은 더 열심히 살아볼까! 사실 어떻게 보면 이 책도 그래서 쓰는 것이다. 나 자신을 다잡기 위해, 더 나은 사람이 되고 오늘의 나를 돌아보기 위해 이렇게 긴 혼잣말을 써 내려가고 있는 것이다. 보고 읽고 듣는 독자가 자꾸만 많이 생겨나서 더는 혼잣말이 되지 않기를 바라며.

우리 집에 당신 칫솔이 있다는 것은

 칫솔 통 가득 들어 있는 칫솔들에 적힌 이름들을 본다. 이름의 주인들이 직접 쓴 글씨도 있고 내가 적어준 글씨도 있다. 모두 우리 집에 다녀간 사람들의 이름이다. 술을 마시고, 이야기를 나누다 울고 웃고, 그러다 잠을 자고, 밤과 아침에 칫솔을 쓰고 간 사람들. 따뜻한 물로 샤워를 하고 포근한 베개에 잠을 청한 친구들. 내가 보는 건 칫솔일 뿐인데 그 귀여운 얼굴들이 하나하나 떠올라서 마음이 몽글몽글해진다.

 32명의 게스트. 1년 동안 우리 집을 다녀간 사람들이다. 행신동으로 이사 온 후로 집이 자주 북적인다. 정해진 영업시간이 없으니 잔뜩 취해서 4차로 들르는 곳이 되기도 하고, 아침이든 낮이든 오고 싶은 시간에 언제든 오게 둔다. 별다른 규칙도 없다. 화장실은 무조건 앉아서 사용하기, 어떠한 형태의 담배든 실외 흡연하기 정도다. 그런데 그마저도 뒷정리를 잘하고 나오겠다고 굳은 약속을 하며 저항하는 친구들이 있어서 요즘은 화장실도 그냥 자유롭게 쓰라고 내버려두기 시작했다. 솔직히 서서 볼일 보는 사람들을 생각하는 것만으로도 너무 싫지만 그냥 내가 욕실 청소를 더 꼼꼼히 하면 되니까. 지금 곱씹어 보니 갑자기 분하다. 하반기부터는 다시금 더 강력하게 내 권력을 업데이트해야겠다.

규칙이 없으니까 분위기도 편안하다. 모든 게 자율이라 오는 사람들에 따라 풍경과 바이브도 매번 다르다. 테이블에 앉아서 떠들어도 되고 소파에 누워서 넷플릭스를 봐도 되고 취한 채 누워 자다가 술이 깰 때쯤 다시 일어나서 마셔도 된다. 누군가가 연애 고민을 나누는 동안 나머지는 자기들끼리 거실에서 서로 마사지를 하고 놀기도 하고, 따라 부르고 싶은 노래를 틀어놓고 흥에 겨워 블루스를 추고, 듣고 싶은 노래의 LP를 골라오면 턴테이블에 올려 음악을 들려주기도 한다. 데려오고 싶은 친구가 있으면 초면이어도 서로 소개한다. 술과 음식은 셀프다. 본인들이 먹고 싶은 게 있으면 직접 배달 앱으로 주문을 하게 내버려두는데, 몇 번은 손님보다 음식이 먼저 도착한 적도 있다. 집주인이 편하니까 손님들도 편하게 논다. 한번은 아끼는 후배 커플 은혜와 준영이 놀러왔는데, 은혜와 내가 술을 먹는 동안 쉬고 싶은 준영은 작은 방에 들어가서 게임을 즐겼다(참고로 우리 집 컴퓨터에 깔려 있는 롤은 준영이 설치했다). 그날 현란한 솜씨로 플레이하던 준영은 뭔가 많이 답답했는지 며칠 후 은혜와 둘이서 높은 사양의 게이밍 모니터를 선물해 줬다. 그동안 받은 선물들 중에 제일 충격적으로 마음에 들었다.

그러고 보면 특별히 해주는 것도 없으면서 참 많이도 받았다. 가볍게 왔다가 마음도 가볍게 돌아갔으면 좋겠는데 유독 양손 무겁게 오는 친구들이 많다. 커튼, 블라인드, 무난한 취향을 담은 LP, 화분, 멀티탭, 책, 플레이스테이션 게임, 귀여운 쿠션들, 무드등, 수건, 카메라, 헤어오일, 깜찍한 술잔과 그 술잔에 담을 각종 술들…. 어떻게 보면 지금의 우리 집은 나와 내 친구들이 만들었다. 냉장고를 뒤져서 잘 챙겨먹고 사는지 검사하고, 아침이면 나보다 먼저 일어나 설거지와 음식물 쓰레기를 정리하고 가놓고는 홈쇼핑에서 본 이불이 참 좋아 보인다며 집으로 배송해 준다. 그들은 왜 우리 집에 올까. 빨간 버스를 타야만 도착하는 경기도에, 시외할증을 내야 하는 행신동에.

나는 그들의 이야기를 들어준다. 진심으로 정성을 다해서. 그건 감사하게도 내가 노력하지 않아도 저절로 되는 나의 장기이자 장점이다. 내가 의도하지 않아도 많은 친구들이 생각보다 본인의 이야기와 비밀을 거리낌 없이 털어놓는다. 듣다 보면 같이 부글부글 끓고 마음 한구석이 덩달아 싸르르해지는 고민도 있지만, 대부분 예쁜 모양을 하고 있다. 다들 건전하고 건강한 사람들이기 때문이다. 그러면 나는 안락한 첨언을 해준다. 현명한 척 유별난 척 재미있는 척을 해가면서. 누가 잘못했는지 과실을 판가름하거나 솔루션을 주고 혼을 낼 땐 내 안에 한문철, 오은영, 백종원 씨가 눈을 뜨기도 한다. 감히 함부로 다루기 어려울 정도로 무겁고 창피한 이야기들도 물론 많다. 그래도 그럴 때마다 맞는 방향으로 잘 가고 있는지 경로를 봐주고 바로잡아 주는 서로가 있다고 생각하면 그것만으로도 위로가 된다. 거짓말도 없고 강요도 없다. 그렇게 웃고 떠들다 보면 적당히 취하고 밤도 깊어서 자연스럽게 나는 거실에 이불을 깔고 있다. 칫솔 통에서 칫솔을 찾아 각자의 주인에게 건넨다. 안전하게 잠들고 기분 좋게 일어난다. 우리는 이곳에서 이렇게 비정기적으로 같이 크고 있는 걸지도 모른다. 나는 이만큼의 규모가 참 좋다. 다음 날 술병을 치우고 맥주 캔을 구기고 청소를 하며 해장을 하는 것도, 어제 다녀간 친구들만큼 나도 더 열심히 살고 더 좋은 모습을 보여줘야겠다고 다짐하게 되는 기분도.

의외로 손에 꼽히게 어려웠던 날이 하루 있다. 밥반찬은 뚝딱 만드는데 술안주를 준비해야 하면 의외로 뚝딱거리는, 정말 가진 거라고는 공감 능력뿐인 나의 집에 노래하는 친구들 셋이 놀러온 날이다. 잘 먹는 친구들이라 메뉴 선택부터가 큰 고비였다. 날짜가 정해지고부터 걱정이 태산처럼 쌓였다. 마음은 명절 외할머니처럼 고봉밥에 고기 반찬을 얹어 떠먹이고 그것도 모자라서 3차까지 코스 요리로 모시고 싶었지만, 걱정의 깊이에 비해 허둥지둥 부족한 음식을 대접했다. LA갈비찜은 너무 달았고 제육은 평소보다 간간했고 어묵탕은 너무 급하게 끓여서 어설펐다. 순식간에 사라진 고기들을 보면서 순대볶음과 떡볶이를 만들어야겠다고 일어나는데 친구들이 나를 말린다. 앉아서 더 이야기하자고. 평소 같으면 얘기도 하고 리액션도 해주면서 후다닥 접시에 음식을 냈을 텐데 나는 그날 고장 난 AI처럼 테이블에 앉아만 있었다. 어쩐지 메뉴에 실패한 기분이어서. 내가 원하던 맛을 못 내서. 야식으로 치킨이나 맛있는 후식을 시켜주려고 한 계획도 다 꽁꽁 얼어붙어서 아무것도 더 해주지 못했다. 그러나 그날 우리는 사과 8개와 과자 2봉지를 먹으며 상당히 많은 얘기와 여러 약속을 나누었고 예상보다 잘 놀았다. 걱정했던 게 무색할 정도로. 지금 생각하면 많이 아쉽고 미안하다. 어쩐지 너무 '단체손님'이라고 생각했던 게 패착이었다. 그래도 기어이 새벽 2시에 순대볶음까지는 해먹고 잠들었다.

  나는 2019년, 그러니까 만 31세에 독립했다. 밤샘이 많고 업무시간이 불규칙하고 연애를 끊임없이 하면서도 출퇴근 왕복 2시간보다 월세가 더 아깝다는 이유로 집에서 늦게 나왔다. 시간보다 돈을 택했지만 월세가 아까우면 뭐하나, 하필 술까지 좋아해서 택시비로 더 많이 썼으면서. 내가 낸 모텔비들은 또 얼마였을까. 그래도 차분하게 차곡차곡 모아서 화곡동의 한 오피스텔에서 나는 혼자 살기 시작했다. 계약하는 날 집주인 할머니가 잘 살라고 하시면서 설렁탕을 사주셨다. 보증금 3천만 원을 송금하며 괜히 두근거렸던 심장. 조금 더 어른이 된 것 같았던 기분. 그러나 독립 후에 펼쳐진 신세계는 친구들을 초대해서 맥주도 한잔하고 배달 음식을 먹는 로망의 실현이 아니라 엄마 집에서 손톱깎이까지 챙겨오고 싶은 자취생의 비애였다. 초대할 수는 있었지만 재워줄 수는 없었던 13층 원룸 오피스텔부터 뭐든 상의를 했어야만 하는 신혼집에 살 때까지 제대로 집들이라는 걸 한 게 몇 차례 되지 않았는데, 그 모든 갈망을 이제야 한꺼번에 이루는 것 같다. 그래서인지 나는 지금의 우리 집에 더더욱 애착이 간다.

집에 누구를 재울 때마다 만 원씩 받으라는 소리도 듣는다. 상담비를 받으라는 사람들도 있었다. 얼마 전에는 의자 등받이가 부서졌고 180센티미터가 넘는 거구가 술에 취해 거실에서 빙그르르 돌 때면 77인치 TV의 안위가 걱정돼서 내쫓고 싶어지기도 한다. 그래도 이 시간을 그 어떤 것과도 바꿀 수 없다. 어느 날은 커플들이 놀러 와서 허벅지 씨름으로 1인자를 결정하고, 또 어떤 날은 누군가 홀로 조용히 차를 마시고 책 구경을 하다가 가기도 하는 이 모든 것들은 이미 내 삶의 일부이기 때문이다. 그저 이런 나와 이 집이 내 친구들에게 좋은 아지트가 되어주고 싶다. 조만간 고등학교 친구들이 다 같이 놀러오기로 했는데 6명 이상 모인 적은 없어서 여분의 그릇과 수저 세트를 사둬야 할 것 같다. 폭신한 손님용 침구도 함께.

나는 이만큼의 규모가 참 좋다. 다음 날 술병을 치우고 맥주 캔을 구기고 청소를 하며 해장을 하는 것도, 어제 다녀간 친구들만큼 나도 더 열심히 살고 더 좋은 모습을 보여줘야겠다고 다짐하게 되는 기분도.

주정하는 연인들을 위해

 취하면 왜 무적이 되는 걸까. 왜 굳이 내일의 순수하고 멀쩡한 나에게 짓궂은 장난을 치는 걸까. 술을 마신 다음 날 아침 잠에서 깨면, 나는 어제 기분이 좋아서 무모해졌던 내가 저지른 수많은 것들을 성심성의껏 수습하는 것으로 하루를 시작한다. 그것들은 무례할 정도로 먹어버린 탄수화물일 수도, 아무렇게나 벗어놓은 바지와 양말, 장바구니에만 담아두고 내내 결제하지 못했던 8만 원짜리 가방의 출고 메시지, 해장을 위해 햄버거를 원하는 가짜 식욕, 그리고 열어보기가 두려운 메신저일 수도 있다.

 술을 마시면 숨바꼭질처럼 좋아한다고 말해놓고 도망가는 버릇이 있었다. 30대 초반까지는 취하면 남자 여자 할 것 없이 좋아하는 친구들에게

'좋아한다, 보고 싶다'라는 말을 남발한 뒤 잠이 들곤 했다. 너는 이래서 좋고 너는 그래서 나의 최애라고 띄엄띄엄 말해준다. 문제는 자고 일어나서 밤새 와 있는 답장들을 읽기가 부끄럽다는 것이었다. 다행히 그들은 나의 어떤 모습을 봐도 좀처럼 실망하거나 감탄하지 않는, 오래되고 따뜻한 사람들이었기 때문에 다음 날의 내가 아무 일 없었다는 듯 그들의 대답을 모른 척해도 안심할 수 있었다. 그러나 누구에게나, 취해서 연락하면 안 되는 금기의 리스트가 있기 마련이다. 나는 언제나 구남친에게도 안부를 묻고 말을 걸어놓고 후회했다. 차단을 할 용기가 없었던 나는 여러모로 나의 존엄성을 위해 쪽팔림의 보안을 철저히 강화하기로 했다. 대문자와 특수문자와 숫자를 마구잡이로 섞어 만든 3단계 수준의 비밀번호처럼.

방법은 간단하다. 오늘 왠지 기분이 좋아져서 고백 공격을 일삼을 것 같으면, 더 취하기 전에 최애들과의 톡방 알림을 모두 해제한다. 그리고 나머지는 분위기에게 맡긴다. 그럼 즐거워진 내가 최애들을 찾아가 그들이 얼마나 대단한 사람들이고 존경받아 마땅한지 흥얼거려 놓는다. 참 부지런도 하다. 술을 먹다가, 물을 마시다가, 화장실을 가다가, 취기에 바람을 쐬다가 생각이 나는 많은 얼굴들에게 나는 고백을 지뢰처럼 심어둔다. 그래도 철저히 알림을 꺼둔 탓에 다음 날 아침 미리보기로 떠 있는 메시지들을 보고 '얘한테까지 기어이 보냈네'라며 놀라지 않아도 되고, 성심성의껏 답장을 보내놓은 착실한 최애들의 문장을 보고 미안해하지 않아도 된다. 왜냐면 난 그 대답들을 읽지도 않고 '읽음' 표시를 누른 채 도망가 버리니까! 그냥 그렇게 답장들을 모른 척 세월에 흘려보냈다가 시간이 지나고 받아들일 준비가 되었을 때쯤 들어가 보면 다행히 크게 문제될 내용은 없었다. (가끔은 오타 없이 보내는 치밀함까지 보인다.) 그렇게 취한 내가 무사히 다녀간다. 민망함의 모서리에서 안절부절못하던 나도 한시름 놓는다.

나는 정말 유서 깊은 대단한 도망자다. 20대 때는 억지로 마시는 회식 장소에서 남들에게 취한 모습을 보여주기 싫어 화장실에서 잠이 들곤 했는데, 한번은 그런 내 버릇을 알고 누군가가 찾아낼까 봐 옆옆 건물 화장실로 도망가서 잠든 적도 있다. 온갖 조연출들이 나를 수색하느라 비상이 걸렸다. 하필 그때 남자친구가 데리러 와서 아무 죄도 없는 PD들이 그에게 사과를 했던 밤. 그 뒤로 화장실에서 자는 일은 없을 줄 알았는데 아니었다. 보안을 강화하기 위해 무조건 귀가해서 집 화장실 문을 잠그고 잔다. 건식 화장실의 보송함과 따뜻함. 29살 때 엄마는 이른 아침에 화장실에서 나오는 나를 보고 벌써 씻었나 했다가 곧바로 풍기는 술 냄새에 밤새 당신의 딸이 그곳에서 안녕히 주무셨다는 걸 알았다고 했다. 그 뒤로 나는 서른 중반에 한 번, 그리고 작년 겨울에 한 번 화장실에서 잘 정도로 술을 적당히(?) 마셨다. 데이터에 따르면 나는 아마 소주 3병 정도 마신 모습은 아무에게도 보여주고 싶지 않나 보다. 이 자리를 빌려 셀프 감금 숙면이라는 답답한 술주정을 보고도 인내해야만 했을 나의 전 연인들에게 심심한 사과를 전한다.

술은 누구와 언제 마시는 게 가장 행복할까. 나는 정말로 '술맛 떨어지게 하는 사람'이 있다는 걸

서른다섯에 알았다. 억지로 마시게 하는 것보다 껄끄러운 사이와 술을 마시는 게 더 싫고, 슬프거나 우울할 때 술을 마시면 해롭다는 것도 안다. 나는 취해서 우는 사람은 아니지만, 울 일이 있을 때 취하면 안 된다는 걸 몇 번 울면서 깨달았다. 나는 이제 좋은 일이 있을 때 좋아하는 사람들과 술을 마시고, 취해도 조리 있게 이야기하는 사람들을 사랑한다. 알아서 섞고 꺾고 털어 마시는 분위기가 좋다. 나에게 술자리는 커다란 포옹이다.

서로의 택시 번호를 보내놓던 나와 친구들은 멋지게 나이 들어서 대리 기사님에게 잘 부탁한다는 당부를 드리는 풍경을 만든다. 그래도 다정함은 늙지 않아서 집에 잘 도착했는지 여전히 서로 확인한다. 가끔 헤어지기 아쉬워하는 친구들은 집으로 데려와 한 잔 더 채워주고 재우기도 하는데, 작년에 왔던 각설이처럼 취하던 나도 그럴 때 제정신으로 그들에게 칫솔을 건네고 이부자리를 깔아주며 점잔을 뗀다. 어렸을 땐 남들이 주는 술을 넙죽넙죽 받아 마시고 상놈처럼 취했으면서 지금은 꽤 양반인 척을 하는 내가 재미있다. 하나도 안 취하신 것 같다는 말을 듣고 집에 와서는 소파에서 이마가 벗겨지도록 태양광을 맞으며 늦잠으로 숙취를 푼다. 넉살 좋은 취객이라는 배역을 맡은 걸까. 안 취한 연기를 열심히도 한다.

건강을 염려해 술을 줄였는데, 끊기로 다짐한 후부터 수많은 친구들이 '돌아오라, 술 용사여'라며 나의 복귀를 응원하고 있다. 나도 주정부리부리 쉑댓부리부리 하며 마실 수 있지만, 젊은 날의 패기와 추억으로 당분간은 잠시 접어두고 싶다. 유혹이 많지만 잘 버티고 있다. 적당히 취하고 매너 있게 술자리를 다스리는 어질고 바른 사람이 되기 위해서다. 이제 더는 도망가지 않기 위해서다.

나는 알코올 입스 근데 취해

 좋아하는 친구들과 술에 취할 때 함께 멍청해지는 기분이 들면 유독 안정감을 느낀다. 내 인생의 부족함은 술, 책, 영화, 음악, 사랑을 채우는 방식으로 보완해 왔다. 그래서 어느 하나라도 결핍되면 균형을 잃고 휘청거리고 만다. 다행히 이것들은 상호보완적이라서 하나의 결핍을 다른 하나의 과잉으로 채워도 무방하지만, 안정된 상태를 유지하기 위해서는 공평하게 각각의 눈금을 지켜주면서 계절처럼 순환 사이클을 돌려야 한다.

 그런 나에게 최근 알코올 입스가 왔다. 입스란 주로 스포츠 선수들이 많이 겪는 현상인데, 간단히 말하면 압박이 느껴지는 중요한 시합을 앞두거나 불안감이 심한 상태에서 평소에 수도 없이 해오던 기본적인 동작도 제대로 못 해내게 되는 현상을 말한다. 프로 리그에서 뛰던 선수가 '내가 공을 어떻게 던졌더라?'라며 어느 날 갑자기 스트라이크를 던질 수 없게 되거나 하루아침에 손가락을 마음대로 움직일 수 없게 된 기타리스트의 이야기를 본 적이 있긴 했다. 숨 쉬듯 밥 먹듯 하던 동작들이 순간 낯설어지고 백지 상태가 되는, 그래서 거대한 슬럼프에 빠지게 되는 무시무시한 이야기를. 그런데 한낱 술을 먹는 데에 입스가 올 줄은 전혀 몰랐다.

발단은 건강검진이었다. 2년 전보다 매우 엉망인 성적표를 받았다. 콜레스테롤 지수는 거의 낙제 수준이고 의학적으로 내 몸은 재수강이 시급한 지방덩어리였다. 이렇게 조금 먹고 운동을 하는데도 체지방률은 7퍼센트나 늘었다. 164센티미터에 53킬로그램인 몸으로 "나 비만이래"라고 말하면 주변에선 코웃음을 치지만 어쨌거나 나는 마른 비만이 맞다. 이대로 가다가는 코어는 사라지고 내 몸은 둥글둥글한 지방덩어리가 되어 둥둥 떠다닐지도 모른다. 혈관은 점점 끈적끈적해져 교통체증을 겪을 것이다. 엄마 아빠처럼 고지혈증 약을 평생 먹어야 할 수도 있다. 급한 대로 과자와 술부터 끊기로 결심했다. "다섯 잔 이상은 폭음입니다"라는 의사 선생님의 말씀이 이해가 잘 안 가긴 해도 억지로 새겨듣기로 했다.

그렇게 정제 탄수화물과의 전쟁을 선포한 지 한 달쯤 됐을까. 술 약속이 잡혔다. 원래라면 어떤 술을 얼마나 먹을지, 얼마나 취할지, 집에 들어가는 길부터 잠들기 전까지 누구에게 연락해서 성가시게 굴지를 시뮬레이션하며 기분이 쿵짝쿵짝거려야 맞는데 하나도 기쁘지가 않았다. 오히려 나는 뚝딱거렸다. 술을 왜 먹더라? 어떻게 먹더라? 누구랑 먹더라? 소주잔은 어떻게 쥐는 거였지? 하이볼을 내가 무슨 맛으로 먹은 거야? 겨울의 따뜻한 사케 맛이 왜 그립지 않지? 진로와 새로를 떠올려도 마음이 설레지가 않잖아?

맛없는 감기약을 먹을 때 입모양이 옹졸해지는 것처럼 소주 생각만 해도 얼굴이 찌푸려지는 걸 보니 나의 알코올 인생은 드디어 임종을 맞이한 것 같았다. "술은 쓰잖아. 무슨 맛으로 먹어?"라고 질문하던 수많은 나의 술찌 친구들이 스쳐 지나갔다. 나는 정말 입스가 확실한 것이다. R.I.P. 사랑하는 이들과 술독에 빠져 흥얼대던 나는 그대로 광화문의 어느 건강검진센터 지하에 묻혔다. 묘비명에 LDH 콜레스테롤 수치가 적힌 채로.

 지난 주 화요일에는 먹음직스러운 숙성회를 앞에 두고 다 식어가는 맥주로 입술을 적시면서 세 시간을 보냈다. 정말로 술을 즐기는 법을 잊어버린 것 아닐까. 그래도 그때 나눈 양질의 이야기들은 숙취보다 더한 기쁨을 주었다. 그동안 나는 왜 취해 있었던 걸까. 술 없이 하는 말들은 취해서 하는 말들과 크게 다르지 않았다. 어딘가 구멍이 텅 비어 있어서 그 자리를 술로 채워야만 할 수 있다고 생각했던 고백, 약속, 기대들이 그런 취기 없이도 인심 좋게 쏟아져 나와주었다. 가만 보면 나는 솔직해지기 위함이라는 명분으로 제정신으로부터 도망가는 방법을 택해 온 걸지도 모르겠다. 취하면 다 귀ㅇㅑ우니까.[1] 취하면 다 껴안고 사랑하고 투정부리고 싶으니까. 그게 좋으니까. 그런데 이제 그런 짧은 추월이 필요 없어진 시기가 온 것 같다.

---

[1] '귀ㅇㅑ우니까'라고 쓰고 '귀여우니까'라고 읽는다.

안전한 속도로 진심을 지켜가고 싶다.

입스를 영원히 극복하는 방법은 어렵다고 한다. 지금의 내가 겪는 이 허무맹랑한 슬럼프도 지나고 나면 잠깐의 술태기가 될 수도 있을 것이다. 여전히 우리 집에는 잭 다니엘, 제임슨, 예거마이스터, 샴페인, 원소주, 준마이 다이긴죠 등급의 사케, 자식이 300여 명이나 있고 하룻밤에 여섯 여인을 임신시켰다는 전설의 민망왕이 즐겨 마셨던 베트남 민망주, 화이트 와인, 소주, 맥주가 나를 기다리고 있다. 이 모든 암흑의 시기가 끝나면 나와 함께 광야를 달려줄 무한하고 유해한 친구들이. 다시는 술을 예전처럼 즐길 수 없게 되더라도 특별히 큰 상관은 없다. 나는 최선을 다해 함께 멍청해질 준비가 되어 있기 때문이다. 밤새 떠들어줄 수 있다. 그것만큼은 자신 있다.

나는 알코올 입스 근데 취해! 마신 게 하나도 없는데!

천하제일 외로움 웅변대회

 그림책을 읽어달라며 졸고 있는 아빠의 머리채를 쥐어뜯는 22개월 된 아들의 손아귀 힘에서 물고문의 그랩을 느꼈다는 민영은 오랜만에 만난 저녁 식사 자리에서 나에게 '외롭다'고 말했다. 그는 아무리 아들과 시간을 많이 보내려 노력해도 자신보다 엄마를 더 찾는 아들에게서, 사랑하는 아내와의 크고 작은 말다툼 속에서 괜히 서운함을 느낀다며 최근 부쩍 체감하는 자신의 외로움에 대해 담담하게 고백했다. 나는 그의 외롭다는 말이 참 반가웠다. 외롭다고 거리낌 없이 말할 수 있는 사이는 각별히 소중한 관계라고 생각하기 때문이다.
 건강검진받는 걸 죽도록 싫어하는 사람들처럼, 외로움을 들여다보거나 드러내기를 주저하는 사람들이 많다. 그래서 외로움은 대체로 많이 숨어 있다. 외롭다고 말하면 어쩐지 창피하고 더 철저히 고립되는 기분이 들어서일까. 그러나 얄밉게도 외로움은 숨길수록 자꾸만 커지고 뻔뻔해진다. 괜히 세상에 나 혼자 남은 것만 같고, 남들 다 있는 애인이 나만 없어서인 것 같고, 밤에 전화할 친구가 없는 건 나뿐인 것 같고, 나 빼고 다 사이좋고 아늑해 보이기도 한다. 그럴 땐 아무리 친한 사이여도 성의 없게 맞장구친다고 느껴질 때도 있고, 반대로 '내가 옆에 있는데 왜 외롭냐'는 서운함을 사기도 한다. 왜 외로울까. 혼자라서 외롭다는 말은 너무 단조롭다. 외로움은 복수에서 단수가 된다고 해서 증폭되는 감정도, 단수에서 복수가 된다고 해서 사라지는 감정도 아니다.

얼마 전, 외로움에 시달린 밤이 있었다. 그날 나는 베란다에 한참을 우두커니 서 있었다. 우울한데 왜 우울한지 알 길이 없이 눈물이 났다. 그러다 그게 외로움 때문이라는 걸 알았다. 원인을 알자 기운이 조금 돌았다. 울적한 마음을 어떻게든 물리치려고 점퍼를 챙겨 입고 밖으로 나갔다. 나를 어서 산책시켜야 한다.

아파트 단지가 유독 한적했다. 겨울밤이라 그런지 듣고 싶은 목소리가 참 많았다. 그러나 그들에게 어디서부터 어디까지 설명해야 할지, 울고 싶은 마음을 어디까지 숨겨야 할지 생각할 겨를이 없었다. 내가 슬프다고 말하면 왠지 속상해하고 걱정할 것 같은 사람들의 얼굴만 둥둥 떠올랐다. 그래서 지금 전화해서 우울하다고 말하면 가장 덜 속상해할 것 같은 사람이 누굴까 고민했다. 그리고 아빠에게 전화를 걸었다. 아빠니까.

"어~ 딸."

울먹거리는 목소리를 최대한 숨기려고 간신히 "뭐해"라고 내뱉은 나에게 아빠는 되물었다. "왜, 우울해?" 아빠는 귀신이다. 나는 그때 대책 없이 울음이 터졌다. 만 36살에 집 앞 도로변을 산책하면서. 누가 괴롭혔냐고 꼬마 대하듯 묻는 아빠 때문에 웃음이 조금 났다. 아무래도 그냥 좀 우울한 것 같다고 어설프게 대답하는 나를 아빠는 역시나 어른스럽게 개그맨처럼 위로했다. 아무래도 우리 딸이 술을 끊어서 그런 것 같다고 차라리 술을 마시라면서, 아빠 나이에도 우울할 때가 있고 눈물이 많아질 때가 있다고, 그건 자연스러운 거라고 나를 타일렀다. 그 위로가 나를 제대로 안심시켜 주진 못했지만 그냥 엉망인 내 모습을 아빠에게 슬쩍 보여주고 들려주는 것만으로도 훨씬 마음이 가벼워질 수 있었다. 전화를 끊고 마음이 좀 풀어져서 1시간 정도를 더 걸었고, 그때서야 누군가에게 나의 기분에 대해 어느 정도 설명할 수 있겠다는 생각이 들었다. 외로움이 사라졌다기보다는 마주할 자신이 생긴 것이다.

집에 가는 길에 아끼는 친구들 몇 명에게 연락했다. 혼자 사는 대머리 친구 K는 나를 웃겨주기 위해 무진 애를 썼고 아이가 둘 있는 아람이는 내가 얼마나 금방 잘 이겨낼 사람인지를 안다는 확신의 말투로 나를 격려해 주었다. 외로움이란 건 페스츄리 빵만큼 겹겹이 얇게 쌓여 있어서, 없애려고 한 입 베어 무는 순간 가루가 되어 우수수 떨어져 정신없이 주변에 흩어진다. 나는 그날 외로움을 물어뜯었고 친구들은 나의 입가를 친절하게 닦아주었다. 덕분에 나는 편하게 잠들었다.

외로움을 좀처럼 느끼지 않는다고 의젓하게 굴

었던 K가 술에 취해 전화를 해온 건 다음 날 저녁이었다. K는 외롭다고 말하는 내가 참 멋있고 용감해 보였다고 했다. 자신도 사실은 외로울 때가 있었는데 굳이 남들 앞에선 말하지 못하는 것 같다고, 그래서 그런 걸 숨기지 않고 말하는 내 모습이 재미있고 좋아 보였다고 했다. 나는 조금 으쓱했다. 그날도 K와 나는 평소처럼 여러 푸념을 나눴다. 그리고 '오늘도 헛소리 들어줘서 고맙다'라는 말로 인사를 대신하며 전화를 끊었다.

나는 혼자 있을 때보다 누군가를 만나고 있을 때 더 외로운 사람인 걸까. 그래도 다행인 건 스스로 진단이 내려지면 처방을 내리고 실행하는 데에는 꽤 익숙하다는 점이다. 나는 그즈음 나를 자꾸만 바닥으로 잡아끄는 관계에 지쳐 있었고 결국 이 모든 기분이 들게 하는 사람과 이별하기로 결심했다. 적당히 잘 헤어졌다는 생각이 들었다. 그렇게 고독했던 곳에서 또 한 번 무사히 밖으로 나왔다. 더 이상 외롭지 않았다. 그렇게 아주 오랜만에 외로움이 다녀갔다. 1년 만인 것 같다.

쓰레기를 버리러 밖에 나와 우리 집을 바라본

다. 베란다가 다른 집보다 훨씬 밝다. 다른 집 사람들은 저마다 누구와 함께 살고 있는 걸까, 저 중에 외로운 사람들은 얼마나 있을까, 그런 생각을 하며 숨을 한 번 크게 쉬어 본다. 사실 모두가 외롭다. 회사에서 아무도 말을 걸어주지 않는 50대의 중년 남성들이 외롭고, 중요한 결정권을 쥐고 그 책임을 오롯이 견뎌야만 하는 이 세상의 모든 리더들이 외롭고, 덜 친한 회사 동료에게 한 번도 들려준 적 없는 속마음을 터놓는 남편 때문에 아내들이 외롭고, 줄을 서서 맛집 메뉴를 도장깨기 하고 싶은데 함께 기다릴 친구들이 없는 사람들이 외롭다. 나 말고 모두가 같은 의견이라 외롭고, 사랑하는 이를 먼저 사랑해서, 먼저 보고 싶어서, 먼저 보내서, 먼저 이별해서 외롭다.

나는 외로운 모든 사람들이 모여 천하제일 외로움 웅변대회라도 했으면 좋겠다고 생각했다. 서로의 감정을 기꺼이 나누고 들어주고 덜어주면서, 협동하고 교류하고 살았으면 좋겠다고. 좋은 것만 자랑하지 말고 싫은 감정도 자연스럽게 펼쳐가면서. 그래서 누군가 외롭다고 했을 때 '너는 그렇구나'라고 강 건너에서 구경하듯 어색하게 서 있지 말고 '실은 나도 외로운 적 있었어'라고 너그럽게 공감하고 위로할 줄도 알았으면 좋겠다. 적어도 외로운 사람들이 괴롭지 않게 잠들었으면 좋겠다. 민영도, K도, 나도. 오늘 밤은 그런 밤이다.

3부
인생은 예능

인생은 예능

"언니, 저 그냥 누가 막 넘어져서 웃기는 그런 예능 하고 싶어요."

몇 시간씩 게임 시뮬레이션을 하다가 찾아온 쉬는 시간이었다. 우리는 꽤 큰 규모의 서바이벌 프로그램을 기획하고 있었는데 모두들 세상에 없던 게임을 만드느라, 정공법과 필승법과 파훼법을 고민하고 서로가 서로를 배신하게 만드는 수많은 편법들을 상상하느라 지칠 대로 지쳐 있었다. 종일 게임을 하는 날이라고 생각하면 무작정 설레기도 하지만 플레이가 지루하다고 느껴지는 순간 아이템이 킬되기(반려되기) 때문에 긴장을 늦출 수도 없다. 그날 나의 후배는 슬픔을 호소하는 얼굴로 그냥 웃긴 거, 그러니까 그냥 원초적으로 웃기고 막 못생긴 표정을 지어서 웃기고 엉망진창 넘어져서 웃긴 그런 슬랩스틱 같은 예능을 하고 싶다고 말했다. 쫘당!

예능에는 너무나 많은 웃음들이 존재한다. 정말 원초적으로 웃겨서, 공감이 가서, 놀라서, 경탄해서, 희열을 느껴서, 황당해서, 어이없어서, 싫거나 '킹'받아서, 출연자가 잘생겨서, 제작비를 때려 부은 방송국 놈들의 패기가 기특해서, 결말이 예상되면서도 조마조마해서, 감동적이어서, 국뽕이 차오르고 뿌듯해서, 웃으라고 의도해서 편집한 PD의 한 방이 먹혀서, 그냥 단순히 좋아서, 아는 사람이 만들어서, 비하인드 스토리를 알고 봐서 웃게 되어 있다. 결론은 하나다. 아무튼 웃게 된다. 나는 그래서 예능이 좋다. 정말 단순히 웃을 수 있어서. 웃음이란 소중하고 귀한 거니까. 열심히 웃고 싶고 많이 웃기고 싶다.

웃음을 평가받기 때문일까. 볼 땐 쉬워 보여도 만들 땐 어렵다. 우리끼리 회의하면서 혹평할 땐 괜찮은데 밖에서 들을 땐 서글프다. 이렇게 시청률이 자꾸 떨어지다가 프로그램이 없어질까 봐 무서울 때도 있다. 아무도 안 보고 우리만 보나 봐,

왜 안 보지? 봄에는 꽃놀이, 여름엔 물놀이, 가을엔 단풍놀이, 겨울엔 사랑놀이를 하느라 죄다 TV는 안 보는 것 같다. 절대로 우리 콘텐츠가 재미없어서라는 걸 인정하고 싶지 않다. 동시간대 타 채널에게 압살당했다고 말하고 싶지 않다. 그러나 커뮤니티 게시물을 확인하면 이미 웃음 평론가와 웃음 박사들의 냉정한 심사평이 남겨져 있다. 우리는 댓글을 읽으면서 함께 분노한다. '우리도 알고 있거든?', '다 이유가 있어서 안 한 거거든?', '이건 좀 정곡을 찌르네?' 그러다 결국은 아프다. 촌철살인. 마음을 후벼 판다. 다시 회의실에 앉아 머리가 쥐어터지도록 싸운다. 가장 괜찮은 것들을 엄선해서 담는다. 최고로 좋은 것이 떠오르지 않아도 어쩔 수 없다. 모자라도 과해도 웃겨도 안 웃겨도 최악이거나 차선이어도 어떻게든 약속한 날짜에 방송은 송출된다.

많은 사람들이 기억하는, 대대손손 자료화면으로 쓰이는 예능 명장면을 내가 쓰고 싶다. SNS에서 유행하는 전설의 짤과 밈을 되도록 많이 만들고 싶다. 제목만 말해도 알아듣는 프로그램을 하고 싶다. 시상식에서 후배들 이름을 줄줄 읊고 싶다. 그런데 요즘처럼 콘텐츠가 쏟아지는 예능 춘추전국시대에는 그것도 다 욕심인 것 같다. 물론 브랜드 평판, 시청률, 화제성 1위의 인기 프로그램이나 100회 이상 굴러가는 장수 프로그램을 하고 싶다는 열망은 언제나 있다. 그러나 한편으로는 내가 만든 예능이 적재적소에서 작은 기능과 소임을 다한다면 그것만으로도 충분히 만족스러울 것 같다. 퇴근길 지하철의 지루함을 달래줄 길동무나 혼밥할 때 적적해서 틀어놓는 적당한 소음, 내일 점심시간에 같이 나눌 스몰 토크 소재, 모텔에서 괜히 어색할 때 틀어놓는 넷플릭스 목록처럼(누군가의 일상에 이 정도로 침투하는 것이야말로 해내기 어려운 과제라는 걸 안다. 게다가 넷플릭스에서 볼 수 있는 예능이라니).

이 어려운 방송 일이 나는 왜 좋을까. 그건 아마 아무리 철저하게 준비해도 계획대로 안 될 때가 있고 변수가 난무하다는 점에서 인생과 방송이 닮은꼴을 하고 있기 때문일 것이다. 같은 사건도 어떻게 구성하고 편집할지는 스스로에게 달려 있다. 인생도 방송처럼 원본을 내가 마음먹은 대로 얼마든지 재가공할 수 있다고 생각하면, 그래서 어쩌다 망쳤어도 어떻게든 수습할 기회가 있다고 생각하면 썩 안심이 된다. 나는 그래서 이미 오래전에 내 인생의 장르를 예능으로 정했다. 웬만하면 좋게 해석하고 괜찮은 것들만 남기기로 했다. 웃긴 장면들은 엄선해서 계속 돌려본다. 좋은 기억들에는 자꾸만 더블을 건다. 우물쭈물하거나 엉망진창이었던 모습들은 더 그럴듯한 결말이 올 거라는 예고로 쓰면 된다. 못생기고 창피한 과거는 굴욕적이지만 가끔 블랙코미디로 써먹는다. 좋아하는 사람들의 이름은 스크롤에 올려두고 오래 기억한다. 어쩌다 신파도 되고 스릴러도 되고 멜로도 되겠지만 그 모든 것들도 체에 거르고 야무지게 탈탈 털어내면 가장 마지막에는 웃음이 남기를 희망한다. 내가 나를 놀리고 웃기고 굴려가면서.

쓸모없는 예능이란 있을 수 없다. 내 인생에 하등 도움이 안 되는 남 얘기에 지들끼리만 신나 보이는 한심한 모습이더라도, 누군가는 세상에서 제일 할 일 없는 게 연예인 걱정이라며 채널을 돌려도, 또 어느 누군가는 어느 순간에 분명 그걸 보고 즐기고 있다. 욕을 하면서도 다음 주를 기다리고, 남들 앞에서는 재미없다고 절레절레 하면서도 몰래 다시보기를 누르고 있는 사람들이 있다. 그냥 그렇게 믿고 싶다. 그래서 꽈당 넘어져서 웃기든 어이가 없어서 웃기든 이 일을 계속 할 수 있었으면 좋겠다. 힘들 땐 후배들 앞에서 지겹다는 말을 하루에도 열 번씩 하지만 실은 할 수만 있다면 평생직장으로 삼고 싶을 만큼 나는 이 일을 열렬히 좋아한다. 출근하기 싫은데 출근하고 싶다. 이번 주 수요일은 새로운 팀의 첫 출근일이다. 그게 그렇게 또 신이 날 수가 없다. 결국 나는 어쩔 수 없이 타고난 예능인인 것이다.

섭외 난항

— A는 어떨까요?

— 음주운전해서 지금 방송 쉬고 있어요.

— 아유, 언제 그랬대. B도 예능 좀 하지 않아요?

— 하반기에 넷플릭스 드라마 들어간대요.

— 배우님 되셨네. C는요?

— 일단 녹화할 때마다 제 시간에 오는 법이 없어. 요즘 공황장애 와서 방송 쉰대요.

— C랑 Z랑 근데 사귄다면서요?

— 그래? 꽤 잘 어울리네, 근데 Z도 공황 있지 않아요?

— 아프네. 요즘 많이들 아파. 응. 여기는 아무도 안 아프지? 아픈 사람 있니?

하루 종일 연예인 얘기만 하다가 퇴근하는 것 같은 기분이 들 때가 있다. 섭외 난항을 겪는 시기에는 더더욱 그렇다. 프로그램 기획 초기 단계부터 출연자가 확정된 상태라면 더할 나위 없이 좋겠지만, 하루에도 몇 번씩 기획안을 써보내고 거절 피드백을 받다 보면 대한민국에 더 이상 우리 프로그램을 함께할 연예인이 없는 것만 같다. 검토 후에 연락을 주겠다던 매니저님들은 하나같이 답이 없다. 그럴 땐 막내들에게 발언권을 넘긴다. 우리 막내는 연예인 누구 좋아해? 그래, 요즘 친구들 의견을 들어야지. 누구 섭외하면 좋을까? 그냥 편하게 얘기해 봐. 그럼 이 시대 최고 막내들이 정말로 편하게 대답해 준다.

"공유 어떨까요?"

젊은 꼰대들의 눈썹이 이만큼 올라간다. 아무나 말해보라고 했더니 공유가 나오니까 일단 기분은 너무 좋다. 맞네. 우리가 공유 오피스는 생각할 줄 알았어도 진짜 공유를 섭외할 생각은 못 했네. 그럼 막내가 공유를 섭외해 보자. 소속사가 어디지? 전화해 봐. 공유 섭외해 오면 방송 끝날 때까지 너한테 아무것도 안 시킬게. 리딩도 막내가 직접 해. 막내는 입만 웃는다. 그렇게 막내를 신나게 놀려준다. 우리 방송에 공유가 나올 리 없다는 걸 알면서도 허락되지 않은 상상을 잠시 해보며 도파민을 충전한다. 무능력해진 우리는 갑자기 말이 없다. 얼어붙은 공기를 녹여보려 다시 포털 사이트를 열어 상·하반기 드라마를 검색하고 인급동 영상의 주인공들을 찾는다. 역시나 세상에는 훌륭한 배우, 가수, 예능인이 많다. 요즘은 운동선수들이나 각종 전문가들도 감각이 뛰어나다. 다시 얘기가 빙글빙글 돈다. 이런 분위기에서 집에 가고 싶다고 말하면 파렴치한이다. 우린 아직 아무도 섭외하지 못했다. 과연 촬영장에 누구와 함께 있게 될까. 텅 빈 화이트보드에 어서 빨리 출연이 확정된 연예인의 얼굴을 대문짝만하게 인쇄해서 붙이고 싶다.

섭외 리스트를 정리할 때마다 나는 간절하게 꿈꾼다. 대한민국 모든 엔터테인먼트 소속 연예인들의 데이터를 모아둔 아카이브가 있는 상상. 그곳은 일반인들은 열람할 수 없고 PD나 작가협회 소속인 제작진들만 로그인할 수 있다. 카테고리는 무궁무진하다. 성별, 직업, 가나다순으로 정렬된

엔터테인먼트부터 이미지, 특기, 요일별 스케줄과 비고란까지 해당 연예인에 관한 모든 정보가 한데 모여 있다. 인물별 특징은 태그로 저장되어 있는데, 한 사람에게 주어진 태그가 몇십 개까지 될 수도 있다. 예를 들어 어느 가상의 배우에게 태그를 붙인다면 이런 형태일 것이다(태그에 군이 '실장님 역할'까지 붙인 이유는 아침드라마 실장님 역할을 하는 남자 배우의 이미지를 애타게 찾아본 적이 있어서다).

#남자 #40대 #미혼 #배우 #주연 #브레인 #서울대 #야외예능 #몸개그 #호감 #피지컬 #주짓수 #악역 #실장님역할

태그는 언제든지 업데이트가 가능하다. 가수는 세부 장르별로 검색할 수 있고 질병이나 알레르기, 해외 콘서트 일정도 비고란에 기록되어 있어서 섭외 전화를 하기 전에 제작진끼리 충분히 논의를 거칠 수 있다. 일을 하면서 아플 수 있다는 건 당연한 거고, 제작진은 그런 출연자를 언제든지 보살필 각오와 준비가 되어 있으니까. 애타게 섭외하고 싶은 연예인의 비고란에 '주말은 가족과 보내고 싶음'이라고 적혀 있다면 평일에 모실 용의도 있으니까.

검색 한 번이면 얼마든지 담당 매니저의 전화번호와 이메일 주소까지 적힌 몇십 혹은 몇백 명의 리스트를 간단히 얻을 수 있는 아카이브. 게다가 믿을 수 있는 보안 시스템. 화면 곳곳에 정보를 열람하는 회원의 일련번호가 워터마크로 덕지덕지 새겨져 있고 캡처는 불가능하다. 이 정도면 비싼 월정액을 받고 운영해야 할 것 같지만 대한민국 방송국 놈들은 어떻게 해서든 적은 돈으로 높은 효율을 얻으려 하기 때문에 무수한 편법을 막기 위해서는 그냥 회원 가입비를 적게 받고 검색할 때마다 미리 충전해 둔 캐시를 쓰는 시스템이 낫다. 어차피 아카이브는 섭외가 필요할 때만 주로 쓰이고 팀당 한 명만 제대로 사용하면 굳이 여럿에서 결제할 필요가 없기 때문이다.

옛날에는 도대체 어떻게 섭외했을까. MBC가 여의도가 아니라 정동에 있었다는 건 어른들로부터 말로만 들었다. 다음 주 가요 프로그램에 나올 출연진들의 이름을 조연출이 호명하면, 로비에서 기다리던 매니저들이 옹기종기 모여서 듣고 받아 적었다는 얘기도 전설처럼 내려온다. 대본에 필요한 자료를 찾으러 도서관에 가고, 매니저들의 번호가 빼곡하게 적힌 수첩을 물려받았다는 먼 선배들의 이야기를 들으면 나는 정말로 '응애'에 불과하다. 나도 온미디어[1] 시절부터 막내작가를 했고 엠넷은 청담동에, 온게임넷은 무려 분당에 있었다. 메인 언니에게 이메일로 자료를 보내고 출근하면 네이트온에 접속하는 게 일과의 시작이었다. 조연출 오빠가 6mm 테이프를 건네주면 데크에 넣고 조그 셔틀을 이리저리 돌려가며 프리뷰를 했지만 그게 다 무슨 소용인가. 격동의 시대에 살면서 섭외에 난항을 겪고 있음에는 변함이 없다. 이렇게 PD, 작가가 모여서 쓰잘데기 없는 옛날 얘기를 질리지도 않게 몇 번이나 하고 주말에 본 넷플릭스 영화에 서로 별점을 매기다 보면 정말로 퇴근할 시간이 다가온다. 아이템 회의는 시작도 안 했는데. 섭외는 내일 더 얘기하시죠. 좀 더 찾아봐요,

---

[1] 옛 CJ그룹의 케이블 방송 계열사로 2011년에 사라졌다.

우리.

    마음만 먹으면 연락처를 얻어낼 수 있는 세상에 살아도 섭외는 쉬워지지 않는다. 작정하면 흥신소처럼 누군가의 인스타그램 비밀 계정도 구여친도 샅샅이 찾아내지만 설득의 길은 미로처럼 어렵다. 좋아하는 술을 들고 집으로 찾아가고 선물을 보내기도 한다. 언제 한번 꼭 나와 주겠다는 약속의 카드를 지금 사용할 것인지 말 것인지를 치열하게 고민한다. 정말 다행인 건 방송일은 언젠가는 다가오고 우리는 어떻게든 그걸 만들게 되어 있다는 것이다. 이게 또 되네, 하면서. 많은 제작진들이 느끼고 있겠지만 결국은 다 되게 되어 있다. 다른 건 모르겠고 누군가 저 아카이브 사업을 나에게 함께하자고 제안해 주면 좋겠다.

작년에 왔던 빌런이 죽지도 않고 또 온다

일은 잘하지만 인성이 개차반인 빌런은 출근할 때 울고 싶게 만들고, 착하고 무능력한 빌런은 퇴근할 때 지치게 만든다. 유능하고 성격이 못된 사람보다 착하고 무능력한 사람이 최악이라는 말에는 전적으로 동의하지만, 그들이 상사라는 가정이 붙으면 사실 우열을 가리기가 힘들다. 대외적으로는 인정받지만 알고 보면 후배들을 착취하고 비난하는 사람 vs. 예쁜 표정과 예쁜 말로 환심을 사지만 그 웃는 얼굴로 일을 다 망쳐버려서 나머지 사람들이 그 몫을 나누어 백업하게 만드는 사람. 나는 모두 만나봤고, 둘 다 싫다. 역시나 오늘도 밸런스 게임에 실패했다.

매년 오고야 만다. 물리쳤다고 생각하면, 그래서 잊을 만하면, 세상은 그래도 살아갈 만하다고 생각되는 순간 그들은 감쪽같이 다른 얼굴, 다른 이름, 다른 나이, 다른 직책을 하고서 나타난다. 결국 그것들의 역할과 존재의 이유는 단 하나다. 우리에게 극심한 고통을 주기 위해, 지옥을 맛보여 주기 위해, 답답해서 화가 치밀어 오르고 겁이 나서 출근조차 하지 못하게 만들기 위해. 어쩌면 남을 괴롭히라는 사명을 갖고 태어났을지도 모르는, 그 극악무도한 인간들을 우리는 '빌런'이라고 부르기로 했다. 그들은 부지런하다. 매일 아침 본인의 인성을 잘 빻아서 쓰레기 수거함에 버려두고 출근한다.

확률적으로 모든 집단에는 반드시 빌런이 존재하도록 설계되어 있는 것일까. 물 분자가 되려면 산소 원자 1개와 수소 원자 2개가 필요한 것처럼, 마피아 게임을 마피아 없이는 할 수가 없는 것처럼, 세상이 안정화되기 위해서는 악의 세력이 필수 불가결한 것일까. 직업상 방송국은 음기와 양기가 남발하고 그래서 '기 좀 세다' 싶은 사람들이 유독 많이 모이기 때문이라며 통계학적으로 이해해 보려고도 했다. 그러나 상식이 통하지 않는 행동을 서슴없이 하는 빌런들을 목격할 때면 애초에 그들을 '이해'하는 행위 따위가 가능한 것인지부터 묻게 된다. 그들은 평범한 인간으로 코딩되어 있지 않았다.

빌런이 비단 방송국에만 존재하는 것은 아니다. 업무 시간에 중고거래를 하기 위해 자리를 비우는 직원, EDM은 크게 들어야 한다며 이어폰의 음량을 줄이지 않겠다는 인턴, 술자리에서 선배에게 뻐큐를 갈기는 후배, 방과 후 친구들의 싸움을 구경하며 어느 쪽이 이길지 최소 5만 원 이상의 토토를 즐기는 중학생들과 그런 자녀들을 절대 혼내지 못하게 하는 학부모들, 레슨생들의 과제물을 베껴 버젓이 자작곡을 내는 가수, 임신은 무책임한 일이라고 꾸짖으며 가혹한 스케줄로 3교대를 짜주는 수간호사, 주소지에 적힌 아파트 동호수를 보고도 집을 찾아갈 줄 모르는 우체국 신입, 부장님에게 '이름이 뭐예요?'라고 물어보는 사원, 햄버거를 3분의 2씩이나 먹어놓고 패티의 굽기가 마음에 안 든다며 환불이나 사과를 요구하는 손님까지…. 그들은 젖과 꿀이 흐르는 모든 곳에서 마치 주인공처럼 등장한다. 그리고 이 모든 게 괴담이 아닌 실화라는 게 미치도록 웃프다.

나는 내가 만났던 과거의 빌런들을 굳이 공공연하게 자세히 서술하고 싶지 않다. 그동안 날 괴롭혔던 모든 악마들을 이곳에 고발하면 오히려 내 목숨이 위태로워질 것만 같기 때문이다. 그들은 피도 눈물도 없다. 만약 공식적으로 호소문을 제출하면 어디선가 그걸 읽고 더 크게 분노하고 더 잔인한 모습으로 업그레이드되어 내 앞에 나타날 것이다. 밸런스 패치와 최신형 업데이트까지 완벽하게 마친 상태로. 그럼 나는 다시 레벨 1로 돌아가 돌도끼부터 던져야 한다. 얍얍… 어? 안 맞네? 죄송합니다. (한 가지 고백하자면 나는 빌런 때문에 심지어 33살까지 울었다. 33살까지 우는 내 자신이 어이가 없어서 나이를 세어가며 울었다. 당시의 나는 연약했고, 개인적인 복수를 감행하기란 쉽지 않았다.)

그래도 그 수많은 빌런들 중에 만천하에 공개해도 무방한, 나에게 가장 조촐하고 단기적인 고통을 선사했던 다소 낮은 레벨의 빌런을 소개한다. 그(혹은 그녀)는 회의 시간에 나를 향해 고래

고래 소리를 질렀다. 내 얼굴만 보면 시간과 장소를 가리지 않고 화냈다. 덕분에 나는 누군가가 나로 인해 얼굴이 빨개지고 목에 핏대가 서는 모습을 실시간으로 봐야 했다. 간혹 저러다 고혈압 때문에 당장 기절해 버리는 건 아닌지 걱정될 지경이었다. 한 가지 안타까운 건 내가 어느 부분을 고쳐야 하는지를 정확히 짚어주지 않아서 끝내 영문도 모르고 헤어졌다는 것이다. 코멘트에는 언제나 추상적인 표현과 '느낌'만이 있었을 뿐, 도대체 뭐가 못마땅하고 잘못된 것인지를 나를 포함한 어느 누구도 몰랐다. 주변 동료와 선배에게 물어봐도 대답은 하나였다. "각 팀마다 한 명씩 그냥 싫어하는 사람이 있대." "그게 무슨 말이야? 내가 시민이고 그 사람이 마피아야? 이렇게 대놓고 죽이는 게 어디 있어." 결국은 그냥 서로 안 맞는 것 같으니 프로그램이 끝날 때까지만 버티라는 조언이 마지막이었다. 그러나 그사이 내 자존감은 바닥을 쳤다. 아이디어 회의를 너무도 좋아했던 내가, 브리핑할 차례만 되면 말을 더듬게 됐다. 더듬다 못해 아예 상관없는 단어들도 툭툭 튀어 나왔다. 촬영 얘기를 하다가 갑자기 '냉장고'라고 말한다거나, 말을 하는 와중에 다음 문장이 생각 안 나서 정적이 흐르기도 했다. 아무래도 뇌의 회로 자체가 꼬여버린 것 같았다. 그 누구도 도와줄 수 없는 문제였다. 스스로 내 모습을 견딜 수가 없었고, 제대로 극복해 보고 싶어서 '말하기', '화법'과 관련된 책을 수도 없이 빌려 읽었다. 그리고 정말 책에서 가르쳐준 대로 연습했다. 말하기 전에 몇 초의 시간을 반드시 세고 말하기, 남의 시선을 의식하지 않기…. 아마 그 당시 썼던 노트 어딘가에 메모들이 남아 있을 것이다. 그러나 이 정도의 빌런은 정말 낮은 레벨에 불과하다.

  남의 멘탈을 갉아먹고 사는 유형이 있는 반면 나를 지극히 분노하게 한 빌런들도 존재했다. 그들은 다채롭게 무능력하고 '게으름' 자체에 유독 성실하다. 편집본의 시사를 하다가 갑자기 집으로 도망간다거나, 사이비 종교에 빠져 편집을 소홀히 한다거나, '갑자기' 반려견을 실외배변시켜야 한다거나 몸이 종합병원 수준으로 아팠다는 이유로 업무 태만을 밥 먹듯이 한다. 이토록 정성스러운 게

으름이 존재한다니 영롱해서 빛이 날 지경이다. 그 와중에 레퍼토리의 창의성 부족으로 핑계를 돌려막으며 다시 한번 그 게으름을 증명한다. 그렇게 그들은 꾸준히 약속을 어기고, 남의 공을 가로채고, 성격상 1.5인분까지만 일하고 싶은 나에게 본인의 일을 무자비하게 떠넘겼다. 결국 나는 2, 3인분의 몫을 해내는 스킬이 뛰어나게 늘었다. 주말에 경험치를 2배씩 주는 PC방 이벤트처럼. 이런 방식의 레벨 업을 기대한 적은 없었지만, 결론적으로 나는 조금 더 유능하고 유연한 사람이 됐다. 그들의 무능함과 게으름이 의도한 것이든 의도하지 않은 것이든, 그 카르마로 인해 모두 감옥에 가거나 나태지옥에서 열심히 발을 굴렀으면 좋겠다. 아마 거기서도 남들의 등에 업혀 기생하려고 하겠지만.

울고불고 비명을 질러가며 악당들에게 굴복했던 지난날들과는 달리 나는 무럭무럭 연차가 쌓이고 나이를 먹어갔다. 빌런의 고문 기술은 나날이 발전하고 다양해져 갔지만 나 역시 체급이 커지고 용감무쌍해졌다. 무엇보다 어디를 가든 빌런들의 총량은 같다는 일종의 질량 보존의 법칙은 오히려 나에게 안식을 줬다. 기하급수적으로 번식하는 게 아니라 최소한의 비율만큼 존재한다는 게 참 다행이었다. '어느 팀에 가나 꼭 한두 명은 있단 얘기지. 뭐야, 그럼 그 한둘 빼고는 다 괜찮은 사람들이라는 거잖아?' 오케이. 할 만하다. 끽해봐야 한둘 무찌르면 된다. 나는 그렇게 참고, 견디고, 비위를 맞추고, 때로는 언변과 센스로 구워삶아 보면서 파훼법을 익히기 시작했다. 술을 마시고 한탄을 하며 적신 휴지만큼이나 내공이 쌓였다. 그리고 마침내. 나는 아무리 대단한 빌런이 나타나도 소위 좆밥으로 인식하는 고인물로 성장했다. 그리고 나의 안위를 떠나 가끔은 누군가를 위해 정의로운 목소리를 내고, 필요할 땐 퇴마를 위해 궁극기도 쓸 줄 아는 플레이어로 무사히 진화했다. 이제 더는 내 안의 정의의 사도가 저 난폭한 빌런들을 가만히 두고 보지 않는다. 불행이 시야에 들어왔을 때 안간힘을 쓰며 서로를 다독이는 일, 그래서 끝내 웃게 하는 그 에너지의 순환은 정말 위대하다. 우리 모두가 히어로가 아닌 인간이기에 가능한 위로와 공감의 연대. 우리가 한편이라는 안도감. 나는 그런 것들을 사랑한다.

사실 따지고 보면 나도 모른 척할 수 있었다. 이제 누군가가 괴롭든 괴롭지 않든, 나의 평화만 생각하고 빠른 퇴근을 지향하는 삶을 살 수도 있었다. 지극히 개인주의적이고 안전한 삶을. 그러나 지옥에서 가장 뜨거운 자리는 도덕적 위기에서 중립을 지킨 사람들을 위해 마련되어 있다고, 단테는 서술했다. 나는 진정한 빌런은 사탄들이 널을 뛰는 가운데에서도 아무 말도 하지 않고, 아무 행동도 하지 않고 그저 그 순간이 무사히 지나가길 눈 감고 참는 방관자들이라고 생각한다. 나는 내가 충분히 겪고 괴로웠던 역사를 내가 소중히 여기는 후배와 동료가 겪게 하고 싶지 않았고, 가만히 두고 보지 않기로 했다. 그게 나의 최소한의 의무와 양심이다. 부당함을 조용히 참아내면 빌런들은 그게 합당한 줄 알고 반가워한다. 그래서 그들이 자꾸 찌르면 찍 소리라도 내야 한다. 더 힘이 남아 있다면 짖어야 한다. 그래서 나는 더 물어뜯기기 전에 짖기로 했다. 좋아하는 사람들을 내 등 뒤에 두고. 이 절규에 조금이라도 빌런이 쫄아주기를 바라면서.

가끔 상상한다. 우리를 괴롭혔던 수많은 빌런들이 번호표를 뽑고 의자에 대기하고 있는 상상. 그들은 한 명씩 검은 방에 들어간다. 그리고 비명을 지른다. 대기하고 있는 빌런들은 식은땀을 흘리며 자신의 차례가 오지 않기를 절실하게 기도한다. 그러나 빌런들을 위한 자리는 언제나 마련되어 있다. 지옥에서도 가장 고통스러운 명당에. 나는 그게 사후세계가 아니라 현실세계였으면 한다. 부끄러움, 창피함, 곤혹스러움, 외로움, 배신감, 좌절감, 열등감 같은 건 우리가 아니라 저쪽이 느꼈으면 좋겠다. 그러기 위해 나는 앞으로도 눈 감고 지나치지 않을 것이다. 하찮은 돌도끼라도 던질 것이다. 그 하찮은 움직임 하나에 환호하고 감동하고 힘을 얻는 순한 어린 양들이 있는 한. 얍얍.

고참잘 멤버 모집합니다

 나와 강은혜는 '고참잘'이다. 고참잘은 고통을 참 잘 참는 사람들의 모임으로, 입단 커트라인이 꽤 높은 바람에 아쉽게도 멤버는 아직 2명뿐인 소규모 그룹이다. 후참잘처럼 이름부터가 입에 착 붙는 이 모임은, 말 그대로 고통을 잘 참는 스스로를 자화자찬하며 탄생했다.

 은혜는 나를 '병장님'이라고 부르는, 94년생 작가 후배다. 우리는 2년 동안 레귤러 프로그램을 함께하며 친해졌는데, 무뚝뚝한 군인 같았던 은혜가 낯을 푸는 데에는 정말이지 꽤 오랜 시간이 걸렸다. 은혜가 정말 웃기고 솔직하고 예쁜 친구라는 건 아직도 해를 거듭하며 점층적으로 깨닫고 있는데, 특히 남을 배려하고 자기계발을 위해 꾸준히 노력하는 모습은 나에게 좋은 영향을 준다.

게다가 술을 겁나게 잘 먹고 힘이 겁나게 세다(정말로 겁이 난다는 말이다). 은혜는 남자친구와 함께 있을 때는 먹이사슬의 최상위 포식자처럼 굴지만 일할 때는 누구보다 듬직한 정의의 용사고, 정작 자신에게 고난이 닥쳤을 때는 기본 3개월은 묵혀두고 참다 참다 터지고 마는, 그런 친구다.

〈진격의 거인〉을 좋아하는 은혜는 나에게 2년 전 '리바이 병장님'이라는 별명을 붙여줬다. 그때 나는 무안의 한 삼겹살집에서 잠이 덜 깬 채로 답사를 하고 있었는데, 피곤해서 짙어진 나의 다크서클이 리바이 병장의 어릴 적 모습과 닮았다는 게 그 이유였다. 기운 없이 양파 김치를 씹는 내 허름한 낯빛을 은혜는 놓치지 않았다. "잠시만요, 언니." 은혜가 검색해서 보여준 리바이의 퀭한 눈은 거울 속에서 자주 보던 익숙한 그것이었다. 너무 웃겨서 부정할 수가 없었다. 은혜는 관찰력이 뛰어나다. 얼마 전에는 리바이 병장이 자신의 몸을 버려가면서 제자들을 구해주고, 나중에 거인들이 사라지고 나면 휠체어를 탄 채로 아이들에게 사탕을 나눠준다면서 그 모습에서 나를 떠올린다고도 했다. 도대체 나는 얼마나 잘 참아온 걸까. 어딘가 으쓱하면서도 멋쩍다.

우리 고참잘은 신체적, 정신적으로 고통을 참는 데에 익숙하다. 아파도 아프다고 말하지 않는 독사들이다. 응급실에 '실려 갈' 정도가 아니면 병원을 거부하고(혼자 두 발로 응급실을 찾아갈 정도면 비교적 멀쩡한 것으로 간주), 행여 응급실에 가서 수액을 맞아도 다시 회의실에 돌아와 일을 하겠다는(수액을 맞는 순간 몸이 회복된 것으로 간주) 의지와 책임감이 있다. 한번은 둘 다 촬영장에서 발목을 다친 적이 있는데, 나는 족구를 하다 발목을 접질려서 인대가 늘어났고 은혜는 넘어져서 깁스를 했다. 그러나 나는 태연하게 "나 체인지!"라고 외친 후 최대한 덜 절뚝거리며 소품박스 뒤에 숨어 하루 종일 몰래 발에 파스를 뿌려댔고 은혜는 마치 깁스가 무쇠다리라도 된 듯 아무렇지 않게 촬영장을 휘젓고 다녔다. 당연히 발목 때문에 열외를 받거나 일을 게을리 하는 일도 없었다. 누군가에게 민폐를 끼치는 게 자신의 발목보다 소중했기 때문이다. 그 아픈 발로 답사도 가고 촬영도 하고 대본도 썼다. 답사는 눈으로 보고 촬영은 머리로 하고 대본은 손으로 쓰는 거니까 문제가 안 된다는 마인드로. 어금니가 깨지는 한이 있어도 이를 악 물고 꽉 참는 미련함, 그게 고참잘의 덕목이다.

고참잘은 곤란한 것들을 감내하고 안 되는 것들을 되게 하며 발전하고 자극을 받는 다소 이상한 성장캐들이기 때문에, 평범한 인간이 쉽게 해낼 수 없는 일이라도 일단 임무를 맡으면 최선을 다한다. 은혜가 천둥과 비바람이 치는 무인도에서 삽으로 땅을 파면, 나는 잠이 부족해서 대기실에 혼자 쓰러져 있다가 응급실에 다녀온다. 숙취에 범벅이 되어 있어도 스튜디오 대본 92장은 거뜬히 써낼 수 있고, 비가 내려도 회사 앞에서 다 같이 발야구 시뮬레이션을 한다. 어떤가. 이 정도면 훌륭한가. 사실 방송국 제작진이라면 이 정도의 무용담은 수십 개쯤 갖고 있다. 우리는 피 끓는 전우들이다. 대한민국 예능이 누군가의 소중한 수명으로 만들어지고 있다는 사실을 단 한 사람이라도 더 많이 알았으면 좋겠다.

이렇게 계속 참다가는 하얗게 타들어가 사라질

것만 같다고 느끼던 시기에, 문득 우린 깨달았다. 무작정 참는 것은 오히려 멍청하고 무능력하다는 사실을. 더 오래, 더 제대로 일할 수 있으려면 나의 건강과 권리부터 챙겨야 한다는 가장 기초적인 명제를. 그래서 나는 주기적으로 건강검진을 받고, 은혜도 아프면 병원에 간다. 나는 은혜가 괴로우면 함께 괴롭다. 그래서 싫으면 좀 싫다고 하고, '괜찮다'라는 말로 스스로를 응급처치하지 않았으면 좋겠다. 우리가 참고 해내버리면 다른 어느 누구도 참을 수 있다고, 참게 해도 된다고 인식하는 시스템적 대물림이 나는 싫기 때문이다. 잘 참는 사람은 그 고통을 알기 때문에 누군가 참고 있는 꼴은 못 본다. 그래서 유독 은혜에게 참지 말라고 말한다. 나 역시 참을 수 있는 것과 참을 수 없는 것을 구분하고 있다. 옛날에는 하기 싫은 것도 억지로 참았다면 요즘은 하고 싶은 걸 잘 해내기 위해 '적당히' 참는다. 어쩌면 나는 그동안 고통을 트로피처럼 여겼을지도 모르겠다. '우린 제법 멋져'라는 말로 나르시시즘을 만끽하면서. 이제 그걸 그만해야겠다고 생각한 순간 나는 고참잘이 되어 있었다.

　은혜는 가끔 무슨 일이 생길 때마다 병장님에게 지혜를 구한다며 전화를 걸어오곤 하는데, 서로 별말 안 한 것 같은데도 늘 끊을 때쯤 보면 1시간 이상 훌쩍 지나 있다. 그저께는 2시간 42분이나 떠들었다. 나는 통화 내내 두유도 만들고 게임도 하고 화장실도 가고 사과도 깎아 먹었다. 은혜의 이야기는 그게 고민거리일지라도 라디오처럼 가만히 듣기 좋아서다. 은혜는 참을성만큼이나 남을 배려하는 마음이 강한데, 그 때문에 상대방이 고마움을 모르거나 은혜의 감정을 아예 몰라줄 때가 있다.

　"우리는 참으면 그만이지만, 결국 더 많은 사람들이 고통당하게 돼. 지금 눈감아 주지? 이래도 되는구나, 하면서 나중에 다른 사람들한테도 똑같이 할 거라니까? 그 책임은 방관한 우리에게 있어. 무수히 많은 제2의 피해자들을 위해 대신 싸워준다고 생각하고 사명감을 가지고 해결해."

　나는 은혜에게 모두가 함께 거치카메라로 지켜보고 있다고 생각하고 용기를 내라고 말해주었다.

보이지 않는 관객이 있다고 생각하면, 등 뒤에 은혜 편인 수많은 사람들이 지켜보고 있다고 생각하면, 더 수월하게 해결할 수 있을 거라고 생각했기 때문이다. 나와 은혜는 한참을 더 떠들다가 둘 다 운동 갈 시간이 다 되어 헬스장에 가기 위해 전화를 끊었다. 그리고 다음 날, 만년 이등병일 것만 같던 은혜는 생각보다 의젓하고 결단력 있게 문제를 해결했다. 꾸역꾸역 참을 줄만 알던 은혜가 조금 더 앞발을 내디딘 것이다(왠지 앞발이라고 쓰고 싶다. 우리의 기세는 사자와 다름없으므로). 그래서 나는 은혜를 일병으로 진급시키는 것을 승인하기로 했다. 나 역시 고참잘의 안녕과 발전을 위해 최선을 다하고 어깨에 별도 달 것이다.

  고참잘은 겨우 2명뿐이지만, 둘이서 상당히 많은 사람의 몫을 해내기 때문에 딱히 부족하다거나 초라하다고 생각해 본 적이 없다. 지금으로도 충분하다. 그러나 어디선가 춥고 어두운 곳에서 홀로 고통을 참고 있는 가여운 영혼을 발견하게 되면, 그런데 그의 눈동자에서 강렬하고 비범한 무언가가 느껴진다면, 우린 그를 영입해 최고의 전

사로 키워낼 것이다. 관심이 있는 용사들은 언제든 머뭇거리지 않고 문을 두드려 주길 바란다. 참고로 우리는 둘 다 술자리에서 후배에게 빠큐를 받아본 경험이 있다. 은혜는 아무 말도 하지 못했고 나는 짧은 욕과 함께 정색을 시전했다(이런 게 계급의 차이일까). 각종 하극상이나 집단 린치를 경험했거나, 고강도의 업무도 비인간적으로 소화해내는 고급인력이라면 고참잘 입단 서류전형에서 가산점을 받을 수 있다.

  이 글을 쓰는 오늘은 강은혜 일병의 생일이다. 나는 운동을 좋아하는 은혜에게 트레이닝복 세트를 선물하며 오래오래 늙을 때까지 서로 떠들고 배우고 응원하자고 말해주었다. 은혜 역시 나의 그릇을 닮고 싶다며 내가 있어 든든하다고 답해주었다. 고참잘은 이렇게 앞으로도 서로를 엄호하고, 새로운 고통이 닥쳐오면 용맹스럽게 돌파해 나갈 것이다. 오늘도 충성이다.

어느 도파민 용병의 양심 고백

"벌써 세 명이나 울려버렸습니다."

일부러 세본 건 아니지만 어쩌다 보니 출연자를 3명이나 울렸다. 그것도 초면에. 오디션 프로그램에서 참가자들을 인터뷰하다 보면 자연스럽게 그들의 인생을 묻게 되는데, 가만히 귀 기울여 듣다가 유독 나와 그 사이에 일종의 라포가 형성되는 것 같다는 기분이 들면 그들은 여지없이 눈물을 보였다. 나는 힘들었던 이야기를 묻다가, 무심코 질문을 던지다가, 섭외를 위해 설득을 하다가 그들의 울음을 본다. 내가 한 거라고는 열심히 들어준 것과 다음 이야기를 물은 것뿐이었다. 그럼 저절로 많은 이야기들이 쏟아져 나왔다. 앞에 앉은 작가에게 속 깊은 이야기를 안심하고 해도 된다고 느꼈을까. 나도 나름 소질이 있는 걸까. 그래,

이게 바로 타고났다는 것이다. 그래서 우리 집에 오는 모든 사람들이, 심지어 3개월에 한 번씩 방문하는 정수기 케어 매니저님까지도 쉬지 않고 자신의 이야기를 필터 없이 하게 되는 것일지도 모르겠다(나는 그분의 남사친이 어떤 여자에게 잘못 엮여 몇억을 뜯긴 이야기까지도 알고 있다).

나를 괴롭게 하는 건, 나에게는 이 연약하고 소중한 이야기들을 되도록 잘 팔아먹어야 한다는 사명이 있다는 것이다. 세상 착한 표정을 하고 들어줄 땐 언제고, 인터뷰가 끝나면 방송국 놈들의 얼굴을 하고서 '이걸 방송에 내도 되겠냐'라는 질문을 하는 내가 마냥 프로답게 느껴지진 않는다. 어떤 이야기는 가공되고 널리 전해져서 더 많은 사람들의 공감을 받고 위로나 영감이 되기도 하지만 때때로 어떠한 존경도 없이 소모되기도 한다. 나는 그런 건 고통스럽고 싫다. 인간적인 배려 없이 그저 자극적인 것을 선호하는 사람들의 기호에 맞게 자르고 붙여서 찍어내듯 팔고 싶지는 않다. 노력이 가능한 선에서는 절대로 뒤통수 때리고 배신하고 싶지 않다. 적어도 내가 관리하는 출연자들이 그렇게는 상처받게 하기 싫어서 애쓴다.

그런 나를 보란 듯이 시험에 들게 하는 일이 있었다. 준비할 틈도 예고도 없이. 이틀 동안 100명의 본선 오디션을 녹화하고 있을 때였다. 한 참가자가 무대를 하기 전에 병상에 계시는 아버지를 언급하며 울먹였다. 갓을 쓰고 노래를 하는 선비 콘셉트의 부캐로 활동하는, 아주 견고한 세계관을 가진 그가 보여준 의외의 진지함과 진솔한 무대에 몇몇은 함께 울었다. 합격을 받아낸 그는 울지 않고 무대 뒤편으로 돌아갔다. 우리로서는 심각하게 아쉬운 일이었다. "울어?" "우니?" "참았어…." 그때 제작진 단체방이 울렸다.

— 백 스테이지 인터뷰는 휘 작가가 하세요.

눈물 용병에게 잔인한 특명이 내려진다. 나는 지금 당장 백 스테이지로 뛰어가서 눈물을 뽑아내야 한다. 슬픔을 살살 긁어서 콸콸 터뜨려야 한다. 내가 세상에서 제일 잘하는 것. 그러나 상대는 갓을 쓰고 양반 행세를 하는 사나이다. 그가 지독한 프로정신으로 지배하고 있는 그 빈틈없는 세계관에서는 울 여유란 없어 보였다. 백 스테이지로 건너가는 짧은 찰나에 너무나 많은 생각들이 스쳤지만 목표는 단 하나였다. 저 사람을 울려야 한다. 그의 분량이 나에게 달렸다. 인간 이휘는 지금 이 순간 스튜디오에 없다. 나는 내가 먼저 울면 그도 울 거라는 확신을 갖고 카메라 뒤에 섰다.

예상대로 그는 세계관을 고수하기 위해 안간힘을 쓰고 있었다. 프로듀서 양반들이 합격을 줘서 고맙다며, 울지 않기 위해 마음을 엄한 데에 두고 도망 다니는 사람처럼 농담을 했다. 나는 굴하지 않고 "지금 누가 가장 많이 생각나세요?", "합격한 모습을 보시면 아버지가 뭐라고 말씀해 주실 것 같으세요?"라는 질문들을 건넸다. 이제 정말 내가 같이 울어주기만 하면 됐다. 문제는 녹화를 앞두고 수면 부족과 피곤과 예민함이 겹친 내가 어떤 대답에도 몰입이 안 되는 상태였다는 것이다. 우는 척이라도 해야 했을 판에 담담하게 대답하는 그의 눈을 물끄러미 바라보며 나는 그저 눈동자가 촉촉해졌는지를 확인하고 있었다. 그런데 그 순간 그의 대답이 감당할 수 없을 만큼 크고 묵직해서 나도 모르게 입을 틀어막았다. 그때 그가 눈물을 펑펑 흘렸다. 나는 그때 절반만 살아 있었다. 작가로서는 성공했지만 인간으로서는 실패했기 때문에. "아버님에게 한마디를 전해주세요"라는 나의 요구에 멋있게 웃으며 그는 젖은 얼굴로 카메라를 바라보고 따뜻한 말들을 늘어놓았다. 그렇게 인터뷰가 끝나고 그는 그의 자리로 돌아갔다. 나는 메신저를 열어 단체방에 한마디를 남겼다.

— 인터뷰 끝났습니다. 울었어요.

나는 그 순간 내가 쓰레기가 된 것만 같았다. 안녕하세요. 쓰레기입니다. 지금부터 저는 종량제 봉투만 입겠습니다. 그래도 잘 타는 쓰레기니까 깔끔하게 사라져볼게요. 지금 생각하면 너무 슬프고 창피해서 다시는 기억해 내고 싶지도 않다. 내가 한 사람의 진심 어린 이야기를 장사치처럼 다루었나 싶어 여전히 마음이 안 좋다. 그날 내가 정말로 선을 넘어버린 건 아닐까 하는 죄책감과 두

려움은 아직도 남아 있다. 그의 무대와 인터뷰는 방송에 나가지 않았다.

얼마 지나지 않아 그의 아버님은 돌아가셨다. 첫 방송에 그의 합격 장면이 나오는데, 그걸 못 보신 게 가장 안타까웠다. 나는 조의금을 보내고 위로와 안부를 전했다. 그것만큼은 조금의 불순물도 없는 순수한 마음이었다. 그는 연신 고맙다는 말을 해주었지만 나는 그 말을 들을 자격이 있는 사람은 아니었다. 눈물의 용병이 된 그날 나는 양심의 단두대에서 목이 댕강 잘려나갔고 겨우 이어붙인 채 다음 프로그램을 준비하고 있다.

현생에서는 작고 하찮은 것들을 귀여워하고 짠한 것들에 손 내밀고 남들 얘기에 그렁그렁 눈물을 훔치는 삶을 살지만, 출근을 하면 짐승처럼 본능적으로 더 큰 자극을 찾아 헤매는 도파민 중독자가 깨어난다. 쓸모없는 거짓말을 하고 허세가 있는 사람은 싫어하면서 우리가 만든 세계관 안에서는 출연자들이 배신도 하고 욕도 하고 서로 속고 속이다가 망해버렸으면 좋겠다고 생각한다. 특히나 서바이벌 프로그램을 할 땐 더더욱 간절히 바라는데, 용기 있는 누군가가 관종처럼 어그로를 끌어서 기사가 천 개씩 났으면 좋겠다고, 내숭 떨지 말고 쓰레기 같은 내면을 다 표출하는 빌런이 되어달라고 빌고 또 빈다. 그리고 그런 장면이 조금이라도 카메라에 포착되면 도파민이 팽팽 돌아서 행복의 비명을 지른다. 다시 집에 돌아오면 김용택 시인이 자신의 동네를 소개하며 회문산의 정취와 찔레 먹는 법을 설명하는 영상을 넋을 놓고 보면서 힐링한다. 저런 집에서 살며 이런 유기농 콘텐츠를 만들고 싶다고 생각하면서. 이쯤 되면 내가 잘 살고 있는 게 맞는지 의문이 든다. 인지부조화가 밥 먹듯이 발생하는 이 인생을 도대체 어떻게 살면 좋을까.

적절한 도파민 중독은 삶을 어느 정도 더 윤택하게 해준다는 말은 '영양만점 불량식품'처럼 성립되지 않는 말일까. 더 맛있는 것, 빛깔이 좋은 것, 놀라운 것, 새로운 것은 무조건 좋은데 더 자극적인 것이 최선인지는 아직 잘 모르겠다. 나는 누군가의 소중한 것들을 후려칠 생각은 더더욱 없다. 그러나 나는 앞으로도 쩔쩔 매면서, 쓰레기봉

투를 입었다 벗었다 하면서 양심의 목이 달랑달랑한 채로 도파민을 쫓아다녀야 할지도 모른다. '어쩔 수 없잖아'라는 핑계를 대가면서. 한 가지 확신할 수 있는 건 그 과정에서 나의 진심이나 가치관에 반하는 것들과 부딪히게 되면 가만히 있을 생각은 없다는 것이다. 나는 더 치열하게 고민하고 싸울 것이다. 근본도 교훈도 맥락도 없는 무자비한 횡포에서 최대한 멀어지는 방향으로. 그 지치지 않는 반성과 노력이 내가 작가로서 갖는 유일한 서명이 되었으면 한다.

실수로 만들어진 인간

 나는 가끔 내가 실수로 만들어진 인간일 뿐이라고 생각한다. 그러니까 엄마 아빠의 실수에 의해서 태어났다는 게 아니라, 나라는 사람이 크고 작은 실수덩어리들이 더해져서 만들어진 불완전한 인간이라는 의미다.

 실수에 덩실덩실 춤출 수 있을까. 그럴 리 없겠지만 어딘가에는 그런 부족이 있었으면 좋겠다. 누군가가 실수를 하면, 그걸 학습과 경험의 의미로 이해하고 짧은 위로와 긴 축하를 전하는 부족이. 사실상 그것은 춤이라기보다는 고통과 쪽팔림을 잊기 위한 몸부림일 테고 같은 실수가 반복되면 축제가 아니라 곡소리가 되겠지만, 무튼 '그래도 좋다', '아직은 괜찮다'는 말이 먼저 오가는 세상이 있다면 좋겠다. 가장 괴로운 건 본인일 테니까, 굳이 한마디 더 얹을 필요가 없다는 걸 아는 사람들의 담담하고 위트 있는 위로만이 존재하는 세상.

그러나 내 인생 수많은 실수들 속에서 그런 우아한 페스티벌은 벌어지지 않았다. 흑역사는 모른 척 접어두고 백역사만 기억하고 곱씹고 싶은데 세상은 나를 내버려두지 않는다. 잠이 오지 않는 밤에는 불현듯 떠오르곤 한다. 여태 내가 저지른 아주 지독한 실수의 기억들이. 패널들과 스튜디오 날짜까지 겨우 맞춰놓은 촬영일에 정작 MC 스케줄을 확인하지 않아서 녹화 일정을 다시 잡아야 했다거나, 피곤해서 꾸벅꾸벅 졸다가 구성안에 오타를 낸 채로 선배 언니에게 보낸 적도 있고, 굴림체로 통일해 달라는 메인작가 언니의 요구사항을 무려 막내의 신분으로 마음대로 거역했다가 굳이 한 소리를 듣기도 했다. 그럴 땐 나도 모르게 발길질을 하느라 자꾸만 이불이 풀썩거린다. 기억들이 꼬리의 꼬리를 물고 점점 생생해져서 아직도 내가 그 순간으로 돌아가 꾸지람을 받고 있을 때도 있다. 그럼 나는 그 불쌍한 친구의 뒷목을 잡아 어서 빨리 현실의 침대 속으로 데리고 온다. 그렇게 어딘가 모자라고 기가 막히고 창피한 순간들이 나에게도 한 바닥씩 있다. 그중에는 어디 가서 해프닝 격으로도 말할 수 없는 수치스러운 기억도 있다.

 몇년 전, 국내 모 소속사에서 어느 걸그룹의 데뷔를 앞두고 있었다. 데뷔 전부터 여러 커뮤니티 사이에서는 과연 그룹의 이름이 무엇일까 추측해 보는 게 주된 화두였다. 그런데 마침, 모두의 궁금증이 계속 커지던 시기에 그 친구들이 내가 있는 프로그램에 게스트로 출연하게 됐다. 데뷔 직전이라 당연히 모든 것은 대외비로 진행해야 했다. 나 역시 정말 아무에게도 이 그룹의 이름을 일러바칠 계획이 없었다. 다만 생각보다 그 걸그룹의 이름이 팬들로 하여금 상당한 반응을 일으킬 것 같다는 예감만 들 뿐이었다.

 그런데 또 마침, 그 시기에 나는 나의 모든 다채로운 헛소리를 SNS에 일기장처럼 작성하며 삶의 스트레스를 해소하고 있었다. 꽤 오래 익명으로 존재해 왔지만, 또 하필 그 시기에는 계정을 공개로 전환해서 프로필에 내 얼굴을 걸어두고 있었고, 어쩌다가 괜히 방송작가라는 걸 바이오에 밝혀놓고 있었다. 내뱉는 순간 빠르게 묻히고 마는 무미건조한 타임라인이지만, 전 세계 어느 곳에서든 마음만 먹으면 서로를 방문하고 사찰할 수 있는 그 열린 공간에 나는 아무런 생각도 의도도 없이 결정적 한 마디를 남기게 된다.

「데뷔를 앞둔 걸그룹이 오늘 우리 프로그램 녹화하고 갔는데 그룹 이름이 아주…」

그런데 맙소사. 글을 게시하고 얼마 지나지 않아 익명의 계정들로부터 문의가 왔다. '혹시 이 소속사 말하시는 건가요.', '그룹 이름이 이거라던데 맞나요.', '그룹 이름이 뭔가요.' 나는 식은땀이 났다. 그들 모두에게 '자세한 대답을 할 수 없고, 관련 글은 삭제하겠으며, 더 이상은 재생산하지 말아 달라'는 답변을 보냈다. 메시지를 보냄과 동시에 해당 글은 삭제했지만 금세 안 좋은 예감에 휩싸였다. 괜한 입방정을 떨어서 구설수로 가는 열차를 타게 되는 건 아닐까 걱정이 들었다. 그저 아무 문제없이 넘어가기만을 넋 놓고 바랐다. 그러나 언제나 그렇듯 좋지 않은 예감은 예외도 없이 집요하고 성실하게 쫓아와 평화로운 일상에 훼방을 놓는다. 그날 내 인생도 그랬다. 우리 프로그램의 총책임자이자 CP님으로부터 메시지가 도착한 것이다.

오후 5시 34분. 나는 단두대에 섰다. 나의 죄목과 죄명을 모를 수가 없는 채로. CP님이 보내신 메시지에는 내 SNS 계정의 '그 글'이 캡처되어 있었다. 짧고 굵은 꾸짖음과 함께. 나는 너무 창피했지만 숨을 곳이 없었다. 그냥 형벌을 받을 일만 남은 것이다.

나는 망각했다. 소속사에서도 검색을 생활화한다는 것을. 워낙 개인적인 계정이라 확대 재생산되지 않을 거라고 생각한 것 자체가 오산이었다. 그 와중에 소속사와 걸그룹의 이름을 명확히 밝히지 않은 것은 만분다행이었다. 애초에 검색을 방지하는 차원에서 소속사 이름을 교묘하게 오타를 냈어야 했을까. 계정을 비공개로 해놨어야 했나. 프로필 사진을 내 사진으로 하지 말았어야 죄를 감출 수 있었을까. 그 당시에는 이런 생각들은 정말 하늘에 맹세코 추호도 들지 않았다. 나는 프로정신이라고는 없는 한낱 머글이자 죄인에 불과했으며 변명의 여지없이 잘못한 사람이었다. 나는 나의 경솔함에 제대로 데였다.

그날 나는 퇴근하고 노원역 칠성포차에서 소주를 시켜놓고 펑펑 울었다. 맞은편에 앉은 나의 대머리 친구 K가 그 모습을 묵묵히 지켜봐 주었다. 눈물이 차오를 때마다 술잔 속 소주가 얄밉게 일렁거렸다. 쪽팔림이 스며 있는 눈물만큼 쓰디쓴 눈물도 없다는 걸 나는 그날 비로소 알았다. 그런데 칠성포차에 흘린 눈물이 다 마를 때쯤, 그러니까 이 사건이 일어나고 이틀 후에 CP님으로부터 또 한 번 메시지가 왔다.

― 사고 치지 말어. 기죽지도 말고.

나는 어쩌면 이 한마디가 나를 아직까지 작가로 살아 있게 해줬다고 생각한다. 내가 아는 한 이 치욕스러운 사건은 다른 제작진에겐 전혀 소문나지 않았다. 가장 기본적이고 중요한 걸 놓쳐버린 모자란 미생에게 너무나 점잖은 어조로 꾸짖어 주시고 과분할 정도로 젠틀하게 다독여 주기까지 하신 CP님은 최고의 어른이었다. 공개처형을 당해도 할 말이 없었을 나는 이 품격 있는 위로 덕분에 너덜너덜해졌던 정신머리를 똑바로 찾고, 겨우 사람답게 직립보행하기 시작했다. 그리고 신중하고 조심스러워지기로 했다. 시간이 더 많이 흐르면서부터는 작가 생활을 하면서 꽤 큰 규모의 실수를 하게 된 후배들에게 무작정 다그치는 것보다 타이르고 이해해 주는 쪽을 택하게 됐다. 당사자가 스스로 얼마나 괴로워하고 있을지를 누구보다 잘 알기 때문이다. 내가 건네는 그런 여유가 오히려 그들에게 수습할 기회와 반성의 틈을 줄 수 있다고 믿는다. 그걸 알게 해주신 CP님께 무한한 감사를 전해드리고 싶다.

돌아보면 어렸을 때 수많은 실수들을 겪어서 나는 정말 다행이다. 같은 실수도 나이가 훨씬 많이 들어서, 연차가 더 쌓였을 때 저질렀다면 그건 아마 성장하면서 겪는 인고와 세공의 과정이 아니라 단순 무능력으로 평가받았을 것이다. 그리고 숱한 사건들을 통해 나는 실수는 단순히 '저지르는' 게 아니라는 걸 깨달았다. 나는 그 긴 시간 동안 수많은 실수들을 '배웠고', 그것들은 아직까지도 내 데이터에 값지게 남아 있다. 실수도 경험이라 노하우가 쌓인다. 많이 부딪히는 만큼 유연해진다.

만화 〈영심이〉의 주제곡에는 '해봐 해봐 실수해도 좋아'라는 가사가 있다. 안타깝게도 바로 다음 소절에는 '넌 아직 어른이 아니니까'라는 얄미운 단서가 붙지만 그래도 실수가 실패는 아니라는 의미가 전해지는 것만 같아서 꽤 위로가 된다. 여전히 우리에게는 겪어내야 할 수백 번의 실수들이 기다리고 있다. 무작정 저지르고 끝나는 게 아니라 배우고 고치고 기억해야 할 소중한 실수들이. 그러니 지나간 사건들에 후회하고 스스로에게 핀잔을 주느라 시간을 보내는 것도, 앞으로 겪을지 안 겪을지도 모르는 실수들에 걱정하고 긴장하는 것도 지금 할 필요는 없을 것 같다. 그냥 오늘 같은 밤에는 살면서 내가 실수했던 순간보다 무사히 잘 해낸 적들이 훨씬 더 많다고 다독여 본다. 오늘은 이불을 조금만 차야겠다.

만화 <영심이>의 주제곡에는 '해봐 해봐 실수해도 좋아'라는 가사가 있다. 안타깝게도 바로 다음 소절에는 '넌 아직 어른이 아니니까'라는 얄미운 단서가 붙지만 그래도 실수가 실패는 아니라는 의미가 전해지는 것만 같아서 꽤 위로가 된다.

겐또와 야마

"언니, 겐또랑 야마는 뭐가 달라요?"

명신은 토마토 스지 조림에 19도짜리 보리 맛이 나는 술을 마시며 물었다. 꽤 도발적인 질문이었다. 나는 이 도전에 응해보겠다는 표정으로 비유를 시작했다. 지금부터 내가 너를 이해시켜 주지, 라는 마인드로.

"이 토마토 스지 조림에 스지가 없다면 그건 야마가 없는 거지. 그런데 토마토 스지 조림에 스지를 넣어야겠다는 생각을 하는 건 겐또야. 어떤 재료와 양념을 넣고 어떻게 손질해서 어느 세기의 불에 익혀야 타지 않고 맛있게 만들 수 있겠다는 사고의 흐름? 구상? 그게 겐또지."

명신은 아직은 한 번에 와닿지 않는다는 듯한 눈동자로 나를 바라봤다. 겐또가 구성과 계획, 정리라면 야마는 주제, 중심, 말하고자 하는 이야기일 것이다. 그래서 보통은 겐또를 잃은 사람에겐 야마가 있을 리 없다. 어떻게 이야기를 만들어 나갈지 구상이 안 되는데 주제를 적절히 담을 수가 있을까.

"그러니까 예를 들어서 내가 백종원을 섭외한 거야. 와 너무 대단하지! 그래서 백종원이랑 뭘 할 건데? 그건 몰라, 그냥 섭외만 했어. 그럼 야마는 있는데 겐또는 없는 거지. 그런데 반대로, 내가 백종원이랑 어디를 가서 어떤 사람들과 어떤 요리를 만드는 예능을 하고 싶어. 와 진짜 재미있겠다! 그런데 백종원이 그 프로그램을 하겠대? 아니! 응? 그럼 겐또는 있는데 야마가 없는 거지. 팥 없는 찐빵 같은 거야. 팥이 야마지. 핵."

우리는 그제야 답답함이 해소되어 웃었다. 왜 우린 아직도 이런 뉘앙스의 차이를 논하고 있는 걸까. 방송 용어에는 유독 일본어의 잔재가 많다. 막내 시절에는 그런 말을 텃세처럼 써대는 사람들을 보고 참 오글거린다고 생각했다. 다행히 나에게는 그 의미를 친절하게 설명해 주는 좋은 선배들이 있었고 나는 나 한 사람이라도 그 많은 단어들을 우리말로 대체해서 쓰면 세상이 바뀔 거라고 생각하기도 했었다. 그러나 보기 좋게 실패했다. 아직도 토마토 스지 조림을 먹으며 겐또와 야마를 논한다. '겐또가 조또 없었던 어느 제작진'을 흉보며.

작가 선후배로 만났지만 지금은 방송 일을 그만두고 갤러리에서 일하고 있는 명신은 얼마 전 팀장을 달았다고 했다. 그리고 중간관리자의 역할이 어렵다고 느낄 때마다 내 생각이 난다고 했다. 팀원에게 일을 분배하고 요구하고 어려운 말을 꺼내야 할 때 어떤 방식으로 대해야 하는지, 부족한 부분들에 대해서는 어디까지 손봐 주고 어떻게 피드백해야 하는지가 참 어렵다고 했다. 그런 것들에 스스로 고민을 가지는 걸 보면 명신도 좋은 팀장이 되어가고 있는 것 같다. "언니는 언제나 여유가 있었던 것 같아요"라고 말하는 명신의 말에 나는 머쓱해진다. 유독 연차가 쌓이고 요령과 여유가 생기고 나서 만난 후배들은 나를 참 좋아하는데, 그들에게 코흘리개 시절의 모자란 내 모습을 보여주지 않을 수 있어서 정말 다행이다.

"나는 후배들이 적어도 나를 참거나 가만히 방관하는 사람이라고 생각 안 하도록, 정의롭게 일하려고 노력하는 것 같아. 부당한 업무량이 생기면 줄이려 노력하고, 조율해 보겠다고 약속한 것들에 대해서는 결과가 개차반이 되어서 돌아오더라도 싸워보는 거지. 쇼를 해주는 거야. 일종의 퍼포먼스지. 그리고 무엇보다 내가 놀고먹는다는 생각이 조금도 안 들게 내가 일을 더 많이 해. 진짜 많이 해."

나는 부끄러운 듯 말했지만 명신은 그건 절대 쇼나 퍼포먼스가 아니었으며 주변에서 함부로 투정부리지 못할 정도로 내가 정말 많은 일을 처리해 냈었다고 다독여 주었다. 말도 안 되는 실수를 해도 화내지 않고 차분하게 다음 스텝에 대해 정리를 먼저 해주는 사람이었다고, 내가 아주 좋은 중간관리자였다고 기억하고 있었다. 나는 불현듯 출연자의 집에서 용산역, 그리고 전주까지 팔로우 촬영을 해야 하는데 늦잠을 자서 KTX를 한참이나 놓쳐버린 명신에게 화내지 않았던 어느 촬영 날 아침이 생각났다. 나는 전주에 도착해서야 명신과 통화할 수 있었다. 눈뜨자마자 부재중 전화 목록을 마주했을 때 그녀는 어떤 마음이었을까. "응, 명신아. KTX 표 끊고 전주로 와." 그날 내 목소리에는 분노 대신 온화함이 있었다. 그래서 명신은 더 쫄았을 것이다. 전주 촬영이 끝나고 그녀는 아주 크게 아파서 응급실에 갔다. 지금 와서 생각해 보면 그 컨디션을 캐치하지 못했다는 것이 훨씬 더 아쉽다. 날씨가 더워서 힘든 줄로만 알았던 나의 무심함이.

막내가 늦어도 촬영은 무사히 끝났고 프로그램은 제 시간에 안전하게 종영했다. 우리 사이도 단순한 선후배에서 짓궂고 발칙한 언니 동생 사이로 개편됐다. 크리스마스에 대만 여행도 같이 가고 생일에는 성인용품을 선물하기도 하면서. 우리가 같이 먹은 치즈 김치전만 몇 장인지 모른다. 이제는 제법 성숙한 커리어우먼처럼 체통을 지키며 대화하지만 만약 올해 여름 명신이 휴가를 나와 함께 써준다면 우리는 오키나와에서 고래처럼 취해 춤을 출 것이다.

아무튼 꼬박 1년 만에 만난 우리는 서로가 얼

마나 영감을 주고 고무적인 존재인지 떠들다가 집에 돌아왔다. 아직도 가끔은 남자를 '맛'으로 표현할 때도 있고 섹스 얘기를 유치 뽕짝으로 할 때도 있지만, 그런 것보다도 우리 만남이 좋은 가장 큰 이유는 스스로 걸어가고 있는 길이 도통 맞는 길인지 알 수 없을 때, 조금 떨어진 곳에서 보고 듣고 맞는 방향인 것 같다고 동의해 주는 사이라는 점이다. 야마가 있네? 네, 있어요. 언니는 다 겐또가 있구나? 응, 그럼. 그렇게 우리끼리만 만족하고 합의하는 조촐한 합리화더라도 난 그게 참 좋고, 알차서 더 좋다. 만약 둘 중 한 명이 뭔가에 심각하게 부딪힐 것 같을 땐 '오라이 오라이'를 외쳐줄 거라는 믿음이 있기 때문이다. 다음에 만날 때까지 우리는 또 최선을 다해서 치열하게 살 것이다. 선택이 필요할 때마다 서로를 떠올리고 힘을 내면서. 야마를 잃지 않기 위해 겐또를 잡고.

호흡기 달고 편집하는 PD

 녹화가 길어진다. 끊어가는 타이밍에 지루함을 견딜 길이 없어 민영의 편집실을 간다. 나에게는 그런 믿음이 있다. 지금 당장 8층에 가면 민영이 떡진 머리를 하고 후줄근한 모습으로 편집을 하고 있을 거라는 굳건한 믿음. 대포자루로 한 자루만큼의 고달픔이 있지만 그중에 딱 한 되만 푹 하고 떠서 요약하듯 말해줘도 미처 다 열거하지 못한 나머지 모진 괴로움까지 척척 가늠해 줄 거라는 믿음. 아마 내가 노크를 하면 민영이 "네에"라고 대답할 것이고 그럼 나는 문을 열어젖히고 "미농!" 하고 소리칠 것이다. 그 순간 서로가 서로의 생사를 확인하고 바로 그 존재감 하나로 알 수 없는 전우애가 싹트며 우리는 안심할 것이다. 통신 보안! 수신 양호! 성큼성큼 걸어간 편집실의 문이

열린 채 비어 있다. 아무래도 민영이 잠깐 담배 피러 나간 것 같다.

　민영을 처음 알게 된 건 2022년 8월이었다. 지금은 아니지만 같은 프로그램을 만드는 PD와 작가로 처음 만났다. 프로그램 특성상 세계관, 콘셉트, 구성, 게임, 인물, 아이디어 회의가 정말 중요했는데, 당시 유독 맹렬하게 싸우며 친해졌다. 민영이 제시하는 레퍼런스들은 나와 취향이 정말 잘 맞았는데, 이상하게 아이디어는 꼭 반대였다. 민영이 왜 그렇게 찍고 싶은지를 한참 말하면 나는 왜 그렇게 찍어서는 안 되는지를 말하고, 어떤 게 더 재미있고 어떤 게 더 신선한 구성인지에 대해 서로 똑바로 듣고 반대로 말하다 보면 하루가 금방 갔다. 당시 능동적인 회의 분위기를 주도했던 메인PD님은 다양한 아이디어에서 오는 힘을 믿는 젊고 좋은 분이었고 우리 역시 경청하는 태도를 가진 PD와 작가였지만, 하필이면 제작진들이 다들 '내 생각을 얘기 못 하면 병이 날 지경'인 것처럼 보이는 애들만 모인 바람에 회의 자체가 정말 다이내믹하고 길었다. 진도가 안 나가는 이유도 대부분 민영 때문이었다(민영도 그렇게 생각할 것이다). 나는 그런 그의 고집과, 그가 하는 수많은 '안 웃긴 농담'들을 사랑했다. 언젠가 함께 또 다른 콘텐츠를 만들면서 싸울 수 있으면 좋을 것 같다는 생각을 했다. 살면서 그렇게 좋았던 회의 시간은 그 팀이 처음이자 마지막이었다. 아무튼 그 시기에는 그냥 기획 회의만 하고 퇴근하는데도 집에 돌아오면 수능 공부를 한 것처럼 저녁을 때려 먹자마자 미친 듯이 잠을 자는 게 일상이었다.

오랜만에 본 민영은 뭔가 엎질러진 물을 부리나케 닦고 난 수건처럼 정신없이 축 처져 있었다. '퀭'이라는 글자가 3차원 세상에 존재한다면 민영일 것이다. 기운은 없는데 부어 있는 느낌. 정신에 총명함은 있으나 명징함은 없는 느낌. 그래도 언제나처럼 선한 눈을 하고 있다. 못 본 사이에 흰머리가 많이 난 채로. "화요일에 출근해서 토요일에 퇴근했어요." 그 순간 나는 민영보다 훨씬 더 행복한 사람이 되었다. 전쟁터에서 고작 발목 좀 삐끗해서 아프다고 징징대려는데 사지에서 피가 철철 나고 있는 사람을 목격한 기분이었다. 빨리 종영했으면 좋겠다고, 힘들다는 말을 자신 없이 내뱉으며 편집실을 두리번거리는데 웬 청소기 같은 게 보인다.

"이게 뭐예요?"

"나 호흡기 달고 편집하잖아요."

올 것이 왔다. 그때까지만 해도 민영의 '진짜 안 웃긴데 친하니까 너무나도 웃긴' 농담인 줄만 알았다. 그렇게 적당히 웃어넘기려는데 정말이었다. 그는 코골이 치료용 호흡기를 달고 편집을 하고 있었다! 이 긴 회색 호스와 작은 호흡기의 조화라니, 키도 크고 덩치가 둥글둥글한 민영이 이 양압기를 착용하면 반드시 〈매드맥스〉의 임모탄 같은 모습일 것이다. 그런데 왜 이것을 굳이 편집실에 가져와서 사용해야만 하는가.

"코골이 심해?"

"평소에 좀 있는데 술 마시면 좀 더 심한 편이라."

"근데 이걸 왜 여기서 써?"

질문하는 순간 대답을 예상하게 되는 물음이 있다. 그러나 그의 답은 한 차원 높았다. 말인즉슨

렌탈한 제품이라 한 달에 7만 원 정도를 내고 쓰고 있었는데, 한 달에 21일 이상 사용하면 월 만 원 대로 사용료를 낮춰준다는 것이다. 그런데 매일같이 밤샘을 하는 스케줄이라 그냥 깨어 있을 때 이걸 쓰면서 편집을 하고 있다는 이야기였다.

"아니, 이게 사용 기록에 남나? 남는구나… 아, 그래서…."

잠을 잘 때 코 고는 습관을 고치려고 빌린 건데 정작 제대로 잠을 잘 시간이 없어서 밤새 편집을 하며 치료용 호흡기를 달고 있다는, 이 웃기고 슬픈 상황에 어떻게 반응해야 할지 몰라서 그냥 눈을 질끈 감았다. 정말 말 그대로 호흡기 달고 일하는 사람이 내 눈 앞에 있었다. 민영을 아는 사람들이 들으면 정말 웃긴 이야긴데, 가까이에서 보니 그닥 웃긴 상황이 아니어서 나는 웃음 장례식에 온 기분이었다. 그냥 이곳에 더 있다가는 민영이 호흡기 달 시간을 내가 빼앗는 것 같았다.

대체 누구 때문에 이토록 밤을 새서 고생을 하는 걸까. 우리는 그 짧은 시간 동안 하늘 아래 편집 잘하는 PD는 다 멸종되었다는 결론을 내리고 헤어졌다(그 순간만큼은 그렇게 느꼈다). "편집 아카데미 같은 걸 만들면 어때?" "우리 때는 그래도 어떻게 해서든지 배우려고 애쓰지 않았어?" "요즘 애들은 그냥 일단 퇴근을 해. 욕심이 없어." "근데 욕심을 강요할 순 없잖아. 그들에게는 그게 중요한 삶이 아닐 수도." 점점 꼰대 같은 대화가 오가다 보니 앞길이 캄캄해진다. 앞으로 우리가 짊어질 것들은 이런 편집본이나 대본 정도가 아닐 것이다. 더 크고 중요한 것들을 책임질수록 외롭고, 괴롭고, 이래도 욕먹고 저래도 욕먹어 가며 수많은 사람들 앞에 맞서야 할 수도 있다. 그 거친 항해를 꼭 함께하자고 몇 번이나 약속한 사이지만 지금 그 맹세를 돌이켜본들 호흡기를 찬 민영에게는 벅찰 것이기에 말을 아꼈다.

몸과 영혼을 갈아서 일하는 지금 이 순간들도 나중에는 영광이 드리운 무용담이 될까, 아니면 끔찍한 악몽처럼 기억될까. 축 처진 민영이 피곤한 걸음으로 나를 엘리베이터까지 배웅해 준다. 어쩐지 나보다 더 힘든 사람을 보고 힘을 낼 수밖에 없게 되는 기분이 영 좋지 않았지만, 우리 둘의

막방 날짜가 비슷하다는 건 저절로 힘이 났다. 그날이 오면 우리는 적당히 맛있는 술을 먹으며 그동안 겪었던 각자의 고생담 배틀을 할 것이다. 조금씩 미화된 기억들을 가지고. 고통의 시대를 함께 통과하는 동료가 있다는 건 참 다행한 일이다. 그때까지는 그저 민영의 코골이가 조금이라도 치료되었으면 하는 바람이다.

우리는 은퇴할 때 눈물 흘리지 말자

　서태지가 브이앱을 켰을 때 '그를 모르는 사람들'과 '브이앱을 모르는 사람들'로 세대가 뚝하고 갈라졌다고 했던가. 그는 내가 태어나서 처음으로 좋아한 연예인이었다. 막내이모가 부평 지하상가에서 사왔다는 브로마이드에는 동그란 안경에 검은색 모자를 쓴 서태지가 맑게 웃고 있었는데, 이모가 손가락으로 사진 위에 '서태지 내 꺼'라고 적으면 그렇게 분할 수가 없었다. 6살이었던 나는 "아니야!"라고 울먹이며 기어이 투명 글씨로 내 이름을 그 위에 꾹꾹 써내야 직성이 풀렸다. 시간이 지나고 나는 '은퇴'라는 말을 1996년 서태지와 아이들의 기자회견 뉴스를 보고 제대로 익혔다. 그리고 그게 왜 슬픈 건지, 왜 그들이 잘못한 표정으로 우울해하며 앉아 있는지를 이해하지 못했다.

〈노는언니〉 프로그램을 만들 때에도 은퇴식에서 우는 선수들의 영상을 보면서 마음 깊이 공감된 적은 없었다. '당연히 슬프겠지. 오래 했으니까, 팬들이 지켜보고 있으니까, 마지막이니까, 운동이 인생의 전부였으니까. 우리가 감히 공감할 수 없는 감정의 영역이야.' 그렇게 머리와 활자로만 넘겨짚을 뿐이었다. 몇만 시간의 인생이 파노라마처럼 한 번에 스쳐 지나가는 그 순간에도 이성의 끈을 잡고 사력을 다해 마지막 경기를 뛰어야만 하는 선수들의 마음을 내가 감히 안다고 말할 수 있을까. 나는 그만큼 열정적으로 한 가지에 최선을 다해본 적이 있었을까. 그런 생각을 하다 보면 그들의 눈물은 유명한 스님들의 사리만큼이나 위대하고 먼 이야기 같았다.

　그런데 어느 날은 그런 생각이 들었다. 방송작가 15년 차인 내가 은퇴를 하는 날이 오면 어떨까. 은퇴하는 이유는 수십 가지가 될 수 있다. 사람 대신 AI가 대본도 쓰고 편집도 하고 프로그램 제목도 짓고 자막도 쓰게 되어서, 내가 예능보다 더 사랑하는 일이 생겨서, 허리 디스크에 걸려서, 방송국이 다 멸망하고 인플루언서들만이 살아남아서, 미래에는 예능 셧다운 제도가 생겨 사람들이 더 이상 예능 프로그램을 보지 않게 되어서, 갑자기 작가들 사이에 정년퇴직이라는 게 생겨서, 나이가 들고 하하 호호 할머니가 되니 타자가 너무 느려서, 눈이 너무 나빠져서 막내들에게 "내 대본은 전지에 글자 크기 60포인트로 뽑아주지 않겠나"라고 말하게 되자 그들이 나를 직장 내 괴롭힘으로 신고해서….

만약 그날이 오고, 내 생애 마지막 녹화를 하는 날이 온다면 나는 어떨까. 나는 눈에 보이는 모든 걸 나와 함께 순장해 달라고 할 것이다. 조명과 소품 하나하나, 촬영이 잘 굴러갈 때의 안도하는 제작진의 얼굴들, 막내가 챙겨둔 모든 귀중하고 기본적인 것들, 절대로 그대로 흘러가지 않지만 그래도 인류의 마지막 희망사항처럼 적어둔 큐시트 속 촬영 시간들, 밥차에서 먹는 윤기 나는 쌀밥과 볼품없이 식어버린 은박지 속 김밥, 출연자의 숨소리까지 다 들리는 오디오 모니터, 치열한 회의와 몇시간의 엉덩이 씨름과 막내들의 오타 체

크까지 거친 대본, 미소에 인색한 카메라 감독님들의 간헐적인 웃음소리, 불가능할 것 같은 모든 걸 가능하게 해주는 진행팀, 모든 촬영 내용을 받아 적는 막내의 엄지, 행여나 촬영을 위해 어레인지해 둔 모든 것들이 흐트러질까 봐 집중하고 있는 서브작가들의 시선과 카톡방, 스케치북에 뚱뚱한 매직으로 출연자들이 놓친 멘트를 적어주고 있는 나, 그렇게 같은 시간 같은 공간에서 일제히 집중하고 있는 100여 명의 숨과 땀. 마침내 방송작가 전문 상조회사 직원들이 출동해 나의 마지막 예능 길을 엄숙하게 배웅한다. 묘비명에는 시청률이 노골적으로 새겨져 있지만 나는 저 모든 것들과 함께 묻혔기 때문에 덜 억울할 것이다.

자꾸만 이렇게 농담처럼 돌려 말하게 되는 것은 내가 예능을 몹시도 사랑하기 때문이다. 나는 예능 작가 일을 하면서 자부심을 느껴왔고 그래서 가끔 불안정하고 불규칙하고 불편하고 불합리할 때에도 굳이 더 좋은 점들을 꼽아가며 버텨왔다. 그렇게 좋아하는 일을 하면서 돈까지 벌 수 있다는 사실 하나로 내 인생은 행복의 꼭짓점에 도달

했다고 생각해 왔는데, 다시는 방송 일을 할 수 없다면 그건 나에게 어떤 의미일까. 다시 세상에 내던져진 나는 어떤 업으로 행복해질 수 있을까. 할 줄 아는 건 대본 쓰고 구성하고 섭외하고 웃고 떠드는 일뿐이라는 생각에 초라해진다. 갑자기 기술을 배우지 않고 중장비 자격증을 따놓지 않은 나 자신이 원망스럽다. 두려움과 아쉬움에 잠시 몸을 웅크린다.

그러나 내가 그 긴 시간 동안 배운 것은 인생에는 언제나 '다음 화'가 있다는 사실이다. 그리고 그것들은 더 그럴듯하고 근사한 모습으로 만들어진다. 은퇴한 수많은 사람들의 인생도 거기서 끝나지 않았다. 늘 그래왔듯 새로운 기승전결들은 생겨나고, 그것들은 나의 인생에 알맞게 잘 쓰일 것이다. 나는 그게 참 설레고 좋다. 예능에 젊음을 바쳤던 나는 100명의 스태프와 산 채로 묻히겠지만 평생 글을 다루는 나, 노랫말을 만드는 나, 그럴듯한 이야기를 쓰는 나, 웃긴 말을 퍼트리는 나, 책으로 공감받고 사랑받는 내가 다음 시즌을 이어갈 것이다. 내가 내 인생을 또 얼마나 재미있게 만들어줄지, 나는 너무나도 기대가 된다. 다만 그날이 올 때까지는 지금의 행복이 조금만 더 오래 지속된다면 좋겠다.

  모든 좋은 것들은 가장 아쉬울 때쯤 끝나고 그래서 더 애틋하다. 아마 그 때문에 엔딩스크롤을 하염없이 보게 되는 걸지도 모른다. 나는 은퇴할 때 적어도 눈물은 흘리지 않기로 결심했다. 아주 잠깐 감상에 젖었다가 부지런히 새로운 나를 기획할 것이다. 더 좋은 옷을 입고, 더 좋은 사람들을 만나며. 그렇게 극장판 32기까지 있는 애니메이션처럼 장수하고 싶다.

에필로그

걸작이 되고 싶습니다

    우연히 운석이 떨어지는 영상을 보게 됐다. 엄청난 빛을 내며 허공에서 타들어가는 운석 때문에 캄캄했던 주변이 순식간에 환해지는 풍경이 마치 영화 같았다. 어쩌면 세상의 마지막 모습도 저렇게 그림 같을까.

    종말 직전 누군가가 성실하게 한 그루의 사과나무를 심는 동안 누군가는 마지막으로 머리카락을 심고, 누군가는 레슬링 기술을 독파해 치밀한 복수를 계획할 수도 있을 것이다. 나는 이 책을 그들과 비슷한 심경으로 썼다. 생애 마지막 순간이 왔을 때 몰래 떠올려 보고 조심스레 원하게 되는 가장 보통의 소원들이 무엇일까를 골똘히 고민하면서. 이것들은 내가 아주 나중에 꼭 다시 꺼내보려고 귀퉁이를 접어놓았던 이야기들이다.

　무난하고 안전한 인생을 살고 싶은데 그러려면 비싼 값을 치러야 하는 것 같다. 가끔은 무자비한 사건들이 국민연금 가입 통지서처럼 나를 졸졸 쫓아와 무리한 요금을 청구하기도 한다. 그럼 나는 눈물을 줄줄 흘리며 쓰디쓴 교훈을 배운다. 다행히 기억들은 자꾸만 미화된다. 어둡고 어려운 시간들도 분명히 있었지만 그럼에도 나는 나를 웃게 하는 것들에 밑줄을 치고 두고두고 기억하기로 했다. 그렇게 나를 살게 한 좋고 값진 것들이 그렇게 오래오래 주름처럼 남았으면 좋겠다. 앞으로도 내가 좋아하는 것들을 활짝 열어 여러 사람들과 감히 나누어 펼쳐보고 싶다. 그렇게 우리만의 걸작을 만들어가고 싶다.

나는 인생도 그런 방식으로 살기로 했다. 예고가 없어 대비가 불가능한 위기와 고난이 닥쳐올 때도 그걸 건강하게 겪어내는 게 얼마나 중요한지를 되새기며, 모든 걸 물리치고 난 뒤의 무용담을 얼마나 화려하게 꾸며 말할지를 기대하며 시트콤의 주인공처럼 살아내고 싶다.

P. 17

이미 오래전에 내 인생의 장르를 예능으로 정했다. 웬만하면 좋게 해석하고 괜찮은 것들만 남기기로 했다.

P. 163

대머리는 수영모를 쓰지 않는다

베테랑 예능 작가의
다큐에서 시트콤으로 인생 장르를 바꾸는 법

ⓒ 이휘

초판 1쇄 발행 2025년 4월 30일

지은이	이휘
편집	강지수
펴낸이	이재희
펴낸 곳	유월서가
주소	경기도 고양시 덕양구 꽃마을로 66 한일미디어타워 1430호
전화번호	070-4900-3094
팩스	0504-011-3094
메일	bitsogul@gmail.com
인스타그램	@yourseoga
정가	16,800원
ISBN	979-11-987943-5-2(03810)

유월서가는 빛소굴의 인문교양 브랜드입니다.

이 책 내용의 전부 또는 일부를 재사용하려면
반드시 저작권자와 출판사 양측의 서면 동의를 받아야 합니다.

인쇄·제작 및 유통 과정에서의 파본은 구입처에서 교환해 드립니다.